_____ 님의 소중한 미래를 위해
이 책을 드립니다.

감정 때문에
마음이 시끄러운 나에게

감정 때문에
마음이 시끄러운 나에게

내면의 힘을
탄탄하게 만드는
감정 공부

김연희 지음

메이트북스

메이트북스 우리는 책이 독자를 위한 것임을 잊지 않는다.
우리는 독자의 꿈을 사랑하고,
그 꿈이 실현될 수 있는 도구를 세상에 내놓는다.

감정 때문에 마음이 시끄러운 나에게

초판 1쇄 발행 2019년 12월 12일 | **지은이** 김연희
펴낸곳 ㈜원앤원콘텐츠그룹 | **펴낸이** 강현규 · 정영훈
책등록번호 제301-2006-001호 | **등록일자** 2013년 5월 24일
주소 04778 서울시 성동구 뚝섬로1길 25 서울숲 한라에코밸리 303호 | **전화** (02)2234-7117
팩스 (02)2234-1086 | **홈페이지** www.matebooks.co.kr | **이메일** khg0109@hanmail.net
값 15,000원 | **ISBN** 979-11-6002-265-0 03180

이 도서의 국립중앙도서관 출판시도서목록(CIP)은 e-CIP홈페이지(http://www.nl.go.kr/ecip)에서
이용하실 수 있습니다.(CIP제어번호: CIP2019049133)

감정은 생각의 노예다.
그리고 인간은 감정의 노예다.

• 엘리자베스 길버트(『먹고 기도하고 사랑하라』의 작가) •

자신의 감정이 하는 말에
귀를 기울이자!

『왜 나는 감정 때문에 힘든 걸까』라는 제목으로 책을 처음 출간한
것은 2014년이다.

잡지에 실린 내 글을 우연히 읽고 찾아온 출판사의 권유로 호
기롭게 시작한 글쓰기는 바쁜 진료와 박사 논문, 육아와 가사에
밀려 한동안 제동이 걸렸다. 책을 좋아해서 서점에 종종 들르는
데, 훌륭한 전업작가들과 전문가들이 출간한 많은 책들을 보면서
'내가 저 자리에 있는 게 가능하기나 할까?'라며 갈수록 의구심도
들었다.

특히나 같은 분야의 선배님들께서 수십 년의 임상경험을 바탕

6

으로 쓴 책들을 보노라면 나는 더더욱 자격이 되지 않는 것 같았다. 아직 배울 것이 많은데 책을 낸다는 것이 여전히 부끄럽지만 그래도 다시 글을 쓰고 출간까지 하게 된 동기는 박사 논문을 쓰고 학위를 마치는 과정에서 느낀 것 때문이었다.

논문을 쓰기 위해 기존에 발표된 연구자들의 수많은 논문을 읽으면서 깨달은 것은 과학사에서 의미 있는 발견과 결정적인 연구가 있기까지 의미 없어 보이는 많은 연구들이 함께 있었다는 것이다. 내 박사학위 논문도 역시나 마찬가지였다.

용기를 얻은 나는 의미 없어 보이는 일에 나만의 의미를 부여하면서 글쓰기를 다시 시작했다. 어린 시절 작가를 꿈꾸었지만 톨스토이의 『전쟁과 평화』를 읽고 일찌감치 못 오를 나무는 쳐다보지 말자고 현실 자각을 해버린 내가 막연하게 동경해온 작가가 한번 되어본다는 것에 첫 의미를 두었다.

첫 출간 이후 5년이 지난 지금, 세상은 정말 빠르게 변했다. 2016년 세계 바둑의 최고수 이세돌 9단이 구글 딥마인드가 개발한 인공 지능 컴퓨터 알파고와의 대결에서 4승 1패로 지면서 AI,

4차 산업혁명의 시대가 바로 눈앞의 현실로 다가왔다.

정신없이 변하는 세상에도 불구하고 여전히 변함없이 정신건강의학과 진료실에는 내 감정이지만 스스로 잘 모르고 압도되어서 어쩔 줄 몰라 도움을 청하는 사람들이 찾아온다. 로봇에게 일자리를 빼앗길지 모른다는 불안감에 오히려 더 많아지는 추세인지도 모르겠다.

앞으로 아무리 AI가 발달한다고 하더라도 '감정'이야말로 로봇이 가질 수 없는 인간 고유의 특성을 드러내는 것으로 가장 마지막까지 인간을 완벽하게 따라잡지는 못할 부분이라고 생각된다. 공학자의 의견은 어떨지 모르겠지만 인공지능에 관해서 문외한인 필자는 로봇이 인간관계에서 미묘한 표정과 분위기 등 비언어적으로 표현되는 다양한 감정들을 느끼고 적절하게 반응하게 되는 날이 가능할까, 서로 상반되는 양가적인 감정을 이해할 수 있을까 의문스럽다. 나만의 희망사항은 아니기를 바란다.

책의 내용을 일부 수정해 다시 재출간하게 된 이유는 바로 감정에 대한 이 책이 인간을 이해하고 AI에 뒤지지 않는 존재이유를 찾는 데 도움이 되었으면 하는 소망에서이다. 자신의 감정을 잘 느끼고 지각하며 건강하게 해석하고 반응하는 어려운 일을 해낼 수 있다면 우리의 삶은 더욱 풍요롭고 생산적이 될 수 있다.

두 딸을 키우며 실감했는데, 이 세상에서 제일 감정에 솔직한 사람은 아기들인 것 같다. 아이스크림 하나에도 행복할 줄 아는 아이야말로 긍정 심리학의 훌륭한 실천가다. 하지만 성장하면서 점차 자신의 감정을 남 앞에서 숨기는 법을 배운다. 사회적 상황에서 자신의 감정을 단순히 감추는 것이 감정을 잘 조절하는 것일까?

감정을 감추고 억압하다 보니 자신의 진정한 감정이 무엇인지 잘 못 느끼게 된 사람들을 진료실에서 자주 보게 된다. 자신의 감정에 솔직해지고 감정이 하는 말에 귀를 기울이자. 이 책을 통해 하고 싶은 말이다. 감정을 통제의 대상에서 이해의 대상으로 바라볼 때 비로소 감정에 휘둘리지 않고 자유로워진다.

글이 진정성을 가지기 위해서는 우선 나부터 이해하고 솔직해지는 것이 필요했다. 그래서 내 일상의 경험과 개인적인 일들을 소재로 활용했다. 소중한 삶의 경험을 함께한 가족들에게 감사드린다. 40년 전부터 이미 요새 유행하는 스칸디 대디였던 아빠, 늘 친딸처럼 사랑하고 격려해주시는 시부모님, 내 영원한 라이벌인 여동생, 귀여운 두 딸, 논문과 책을 쓴다며 쏟아낸 스트레스를 다 받아준 나의 남편에게 마음 깊이 고마움을 전한다.

정신건강의학과 전문의 자격증을 딴 뒤 사은회에서 선배들과 은사님들이 해주신 말씀은 이제부터 시작이라는 거였다. 지난 15년은 그 말의 의미를 매 순간 확인하는 시간이었다. 환자를 통해 배우고 함께 성장하면서 진료해온 시간들을 정리하며 초심을 생각했다.

내가 정신건강의학과 의사가 되는 데 많은 동기를 주신 엄마에게 사랑을 전하고 싶다. 또 정신건강의학과 상담에 대한 사회적 편견에도 불구하고 용기를 내어 진료를 받고 이 책에 실린 사례를 주신 환자분들께도 감사드린다. 만화 〈미생〉의 오 차장 같은 나의 멘토 이태경 선생님, 박사학위 과정을 격려해주신 강주섭 지도교수님, 축령병원의 삼총사 인연 이광자, 노명선 선생님, 배움의 갈증을 채워주고 훌륭한 롤모델이 되어주시는 분석학회 선생님들, 오랜만에 만나도 한결같이 친근한 의국 동기들에게도 고맙다. 그분들 덕분에 지금의 내가 있다.

마지막으로 이 책을 하늘에 계시는 나의 엄마께 바친다.

사랑해, 엄마.

시간의 흐름을 새삼 느끼며

김연희

2부 부정적 감정을 다시 보자: 양파껍질 벗기기

3부 감정, 이렇게 대하면 된다: 감정소화법

감정을 다스려라, 통제하라? 아니다! 감정은 이해해야 한다. 통제가 아닌 이해의 대상으로 바라볼 때 감정에 휘둘리지 않고 자유로워질 수 있다. 감정을 이해하기 위한 첫걸음, 감정이란 무엇이고 어디에서 왔는지 알아보자.

1부

감정에 대해 제대로 알자: 첫걸음 떼기

감정이란 무엇이고
어디에서 오는 걸까?

❧ 오늘도 감정에 흔들리다

"이거 다 배운 거면서 왜 이렇게 어처구니없는 실수를 하니?"

10세인 둘째가 푼 수학 문제집에 채점을 하면서 나도 모르게 언성이 높아진다. 1문제 틀렸을 때는 그러려니 했는데 점점 늘어나 급기야 10문제 중 6문제나 틀리자 내 자제력은 무너졌다. 둑이 터지듯 내 안에서 아이의 부주의한 실수에 대해 질책이 쏟아져 나왔다. 시무룩하던 둘째의 얼굴이 일그러지더니 급기야 눈물을 뚝뚝 흘리기 시작하고서야 내 잔소리가 멈추었다.

같은 상황으로 혼이 났을 때 울면서도 꼬박꼬박 할 말을 하던 큰애의 동생답게 역시나 둘째도 억울한 듯 한마디 한다. "엄마는 야단치지 않고 수학 잘 가르치는 법 좀 아빠한테 배워봐." 링에 오르지도 않은 부재중인 선수에게 의문의 1패를 당했다.

엄마와의 신경전을 예전에 졸업하고 수학학원을 다니며 자신의 숨은 수학 실력을 깨달았다고 핀잔을 주는 까칠한 중학생 큰애는 똑같은 실수를 반복하는 엄마를 측은한 눈으로 바라보더니 어느새 주스 한 잔을 조용히 나에게 가져다주고는 내 어깨를 주무른다.

둘째의 눈물과 큰애의 애교에 내 안에서 휘몰아치던 폭풍이 가라앉으며 미안한 마음이 든다. 죽고 사는 문제도 아닌데 왜 그렇게 흥분을 했을까…. 후회하며 우는 딸을 안아준다. 별거 아닌 일에 소리 높여 미안하다고…. 어느 집에서나 벌어질 법한 풍경이 우리 집에서도 가끔 일어난다.

정신건강의학과 의사는 자녀를 어떻게 키울까 궁금해 하는 질문을 가끔 딸아이 친구 엄마들에게 듣는다. 나는 웃으며 늘 같은 대답을 한다.

"다른 엄마들이랑 똑같아요. 웃고, 울고, 화내고…."

나는 그렇다. 그리고 적어도 내가 알고 있는 동료나 선배들의 경우를 봐도 그렇다.

☙ 감정, 미운 오리에서 백조로

여기까지 읽고 실망한 독자들이 있을지도 모르겠다. '정신건강 의학과 의사라면서 자기 감정emotion 하나 잘 다스리지 못하다니, 뭐 이래?' '이 책을 더 읽어야 하나?' 회의적이 되는 수도 있겠다. 이런 반응은 바로 이성으로 감정을 다스려야 한다는, 이성보다 감정을 하등한 것으로 취급해온 역사를 반영한다.

보통 감정적emotional이라는 말은 부정적으로 쓰인다. 감정적인 사람은 지나치게 정에 이끌려 손해를 볼 수도 있고 흥분을 잘하는 등 감정 기복이 큰 것으로 간주한다. 반면에 이성적인 사람은 냉철하고 합리적인 사고로 어려운 상황에서도 사리분별을 잘할 수 있는 능력을 가졌으리라고 기대한다. 우리는 정신적인 활동을 할 때 생각하고 느끼는 2가지 상호작용 속에서 살아가지만, 이렇듯 감정은 이성에 비해 부정적인 평가를 받는 경향이 있다. 서양의 합리주의 철학사조에서는 특히나 최대한 감정을 억제하고 이성에 의해 관리되는 합리적인 사고체계를 갖추는 것이 오랜 주제였다. 물론 스피노자처럼 감정에 의해 움직이는 세계를 무시하지 말고 이해할 것을 요구한 선구적인 철학자도 있었지만 말이다.

현대에 이르러 이성이 감정에 대해 우위를 점하고 또 그래야 한다는 주장은 과학적으로 그 근거를 잃고 있다. 1994년 출판된

『데카르트의 오류』라는 책에서 포르투갈 출신의 미국 뇌과학자 안토니오 다마지오^A. Damasio는 판단을 내리는 데 감정이 중요하다는 사실을 자신의 환자 사례를 통해 보여준다.

유능한 변호사였던 엘리엇은 이마의 종양 제거술을 성공적으로 마쳤지만 직장에서 곧잘 쫓겨나는 형편없는 변호사로 전락하고 말았다. 그의 기억력, 주의력, 언어능력, 논리성 등 대부분의 인지능력에는 아무런 문제가 없었다. 그러면 대체 뭐가 문제였던 것일까? 엘리엇의 신경과 주치의였던 다마지오 박사는 엘리엇이 자신에게 일어난 사건에 대해 전혀 감정이 없고 무관심하다는 것을 발견했다.

엘리엇은 과거 자신의 실패 경험은 물론 뇌종양 수술 이후 계속되는 직업적 좌절에 대해서도 아무런 감정의 동요 없이 의사에게 보고했다고 한다. 다마지오 박사는 뇌종양 수술로 전두엽의 일부가 제거되면서 감정의 중추인 편도와 관련된 신경회로, 사고기능을 하는 신피질 사이의 연결고리들이 함께 제거되었기 때문이라고 결론을 내렸다. 그 결과 엘리엇은 진료예약 날짜를 잡을 때조차도 결정을 내리지 못해 극도로 우왕좌왕하기 일쑤였다. 의사가 제시한 날짜에 대해서 논리적으로 좋고 나쁜 점을 지적할 수는 있지만 자신이 어떤 것이 좋고 싫은지는 느낄 수가 없기 때문에 전혀 선택을 할 수 없었다는 것이다 엘리엇의 사례를 통해 우리는 인생의 중요한 결정을 내릴 때 합리적이고 이성적인 사고도 중요하지만 감정이 결정적인 역할을 할 수 있다는 것을 알 수 있다. 우리 모두가 기억하는 안타까운 세월호 사고에서도 이성을 압도하는 감정의 힘을 볼 수 있다. 배가 뒤집혀 물이 차오르는 상황에서 밖으로 나가야 자신이 살 수 있음에도 불구하고 친구와 제자를 구하기 위해 배 안으로 들어간 사람들이 있다. 이들이 내린 판단은 마음 깊은 곳에서 우러나오는 감정이 있었기에 가능했다. 사회생물학자들은 이렇듯 위급한 순간에는 감정이 이성을 압도해 행동을 하게 만들고 이러한 상황이 인류의 역사 속에서 무수히 반복되면서 감정이 가지는 존재 가치가 증명되어왔다고 주장한다.

감정에 휩싸인 결정이 손해로 이어지거나 좋지 못한 결과를 낳기도 하지만 그렇다고 해도 감정을 완전히 배제한 채 결정할 수는 없다. 따라서 이성과 감정을 대립적으로 보고 어느 하나를 배제하려고만 하는 태도는 잘못이다. 누군가와 사귀고 결혼을 하고 직업을 선택하거나 이직을 하고 아기를 낳고 집을 사는 등 인생의 무수한 선택의 기로에서 우리는 이성의 판단에만 맡길 것이 아니라 감정의 호소에도 귀 기울일 필요가 있는 것이다.

🌿 감정의 중추

중요한 순간에 이성을 뛰어넘을 수 있는 힘을 주기도 하는 감정은 어디서 오는 것일까? 뇌 영상 촬영기술의 발달로 최근에 주목을 받고 있는 감정회로의 중심은 편도체^{amygdala}다. 크기와 모양이 아몬드를 닮아서 그 이름이 유래한 편도체는 측두엽 안쪽, 해마의 끝 부분에 위치한다. 1980~1990년대 조셉 르두^{Joseph LeDoux} 등 신경학자들의 연구에 의해 편도체가 공포와 관련 있다는 것이 밝혀지기 시작했다. 현재는 편도체가 분노, 불안, 혐오 등 다양한 감정과 관련이 있으며 돌발적인 감정의 폭발에 관여한다고 알려져 있다.

편도체는 또한 감정과 관련된 기억의 저장소이며 의식에서 인지하지 못하는 무의식적인 감정을 처리하는 곳이기도 하다. 연구에 따르면 인식하지 못할 정도로 매우 짧은 시간 동안 정서를 표현한 얼굴 사진을 보여주거나, 다른 쪽으로 주의를 환기시켜 표정에서 정서를 인식하지 못하게 하더라도 뇌의 편도체에서는 그 표정에 특징적인 반응을 나타냈다고 한다. 즉 편도체는 우리가 의식적으로 그것이 무엇인지 파악하기 전에 벌써 무의식적으로 그것이 무엇인지 파악하고 좋은지, 싫은지에 대한 판단까지 내린다는 것이다.

잊을 만하면 반복되는 군대 내 총기난사 사건을 예로 들어보자. 2014년 6월, 제대를 불과 3개월 앞둔 임병장이 경계근무를 서고 교대를 하던 동료를 향해 수류탄을 던지고 총을 난사한 뒤 도망쳤다. 군과 대치를 하다 생포된 임병장은 초소의 순찰일지에 자신을 희화해 그린 낙서를 보고 화가 치밀었다고 진술했다. 내성적 성격인 임병장은 고교시절 왕따를 당해 정신건강의학과 치료를 받고 자퇴한 경험이 있었다. 군대에서 상관과 동료들에게 괴롭힘과 놀림을 당하는 순간 임병장의 편도체에 기억된 과거의 분노(친구들을 흉기로 죽이고 싶을 정도로 심했던)가 자극되면서 이성적인 뇌를 마비시켰다고 할 수 있다.

편도체를 지나는, 감정과 관련된 중요한 신경회로는 2가지가 있다고 알려져 있는데 시상-편도체 회로와 피질-편도체 회로가 그것이다. 눈이나 귀로 들어온 감각신호들이 시상을 거쳐 편도체로 연결되는 신경회로는 반응시간이 수천 분의 1초밖에 걸리지 않을 정도로 매우 빠른 반면 정확하지는 못하다는 단점이 있다. 넓은 초원에서 풀을 뜯는 사슴 무리들이 어렴풋이 다가오는 맹수의 그림자를 보거나 발자국 소리를 듣는 순간 반사적으로 달아나 위기를 벗어나는 데 이런 신경회로가 작용한다.

그림자나 소리가 설사 맹수의 것이 아니었다 하더라도 언제든 위급한 상황을 벗어날 수 있다는 것이 이 회로의 장점이다. 하지만 불행하게도 우리의 감정생활에서 이 회로의 부정확성이 작용하면 인간관계에 심각한 결과를 초래할 수 있다. 임병장 같은 경우가 대표적이다. 초소 순찰일지에 그려진 해골 그림과 스폰지밥 그림이 임병장의 편도체에 기억된 왕따당했던 고교시절의 분노를 촉발시키는 순간, 이성적인 사고가 개입할 겨를도 없이 충동적인 행동을 일으켰던 것이다.

다행스럽게도 정상적인 경우 피질-편도체 회로가 있어 많은 정보를 입력하고 분석한 뒤 적절한 대응을 만들어낸다. 편도체의 돌발 반응을 관리하는 두뇌의 장치는 바로 이 회로의 끝에 있는 전두엽 피질이다. 감정이 고조되는 순간 전두엽이 잘 작동하면 수많은 대응 중 어떤 것이 제일 좋은 것인지 파악하게 된다.

수학 문제를 여러 개 틀린 둘째 때문에 치밀던 화가 진정되면서 미안하다고 사과하고 안아줄 수 있었던 것도 바로 전두엽의 역할 덕분이라고 할 수 있다. 전두엽이 조금만 더 빨리 잘 작동했더라면 둘째가 울지 않았을 텐데 하는 아쉬움이 남지만 말이다. 적어도 편도체에게 전권을 내주지 않았다는 것에 위안을 삼아본다.

🌱 공부가 능사가 아닌 이유, EQ

수많은 과학적 연구결과들이 쌓이고 감정이 삶에 기여하는 기능에 대한 재평가가 이루어지면서 EQ^{감정지수}의 개념이 도입되었다. 이 용어를 처음으로 사용한 미국의 심리학자 피터 샐로비^{Peter Salovey}는 자신의 감정을 인식하는 능력, 자신의 감정을 조절하는 능력, 자신에게 동기를 부여하는 능력, 타인의 감정을 인식하는 능력, 인간관계를 관리하는 능력 이렇게 5가지를 EQ의 구성요소로 정의했다. 자신의 감정을 잘 알고 조절할 수 있으며 다른 사람의 감정도 훌륭하게 읽어내고 효과적으로 대응할 수 있는 능력이 높을수록 연애는 물론 여러 인간관계와 직업적인 만족도, 성취도가 높다는 것은 이제 상식이 되었다.

2011년 명문대 의대 남학생 3명이 같은 과 동기 여학생을 성추행한 사건이 있었다. 그 일이 많은 사람들의 공분을 샀던 이유 중 하나는 가해자들이 피해자에게 사건을 덮고 합의해달라고 압력을 넣다가 여의치 않자 피해 여학생이 원래 행실이 단정치 못했다는 등 인신공격까지 했다는 것이었다. 본능에 휩싸여 통제하지 못하고 잘못을 저지른 뒤에도 뉘우침이나 책임감도 느끼지 못하는 듯한 행동들에 사람들은 실망감을 넘어서 놀라움을 금치 못했다.

명문대 의대에 갈 정도로 IQ^{지능지수}가 우수한 학생들이 어떻게 그렇게 바보 천치 같은 비합리적인 행동을 할 수 있단 말인가? 그렇다. 이들이야말로 IQ는 높을지 몰라도 EQ는 형편없는 사람들이다. 우리가 충동을 억제하면서 순간적인 만족을 지연시키고, 어려운 상황에서도 의욕을 잃지 않고 기분을 조절하고, 다른 사람들과 친밀함을 나누고 공감하고, 희망과 행복을 찾는 삶을 영위하게 하는 데는 학문적인 능력이 아무런 상관이 없는 것이다.

우리가 삶을 좀더 현명하게 살아내는 데 필수적인 EQ를 높일 수 있다면 얼마나 좋을까? 『EQ 감성지능』이라는 책을 써서 대중에게 EQ의 개념을 널리 알린 대니얼 골먼^{Daniel Goleman}은 두뇌의 유연성과 탄력성을 역설하며 EQ를 학습하고 향상시킬 수 있다고 주장한다. 골먼에 따르면 정신건강의학과 의사는 EQ를 가르치고 향상시키는 선생님이기도 하다. 정신건강의학과 의사로서의 임상경험뿐만 아니라 내 개인적인 삶을 통해서도 나는 골먼에게 동의한다. 진료실을 찾아오는 환자들뿐만 아니라 여러 사람들과 이런 경험을 나누고 싶었던 것이 내가 감정에 대한 글을 쓰게 된 동기이기도 하다.

내게 초등생 딸이 있어서인지 학교폭력에 대한 기사가 날 때마다 내 일처럼 관심이 가고 안타까운 마음이 들곤 한다. 골먼이 학교 교육에 EQ를 도입해야 한다고 주장한 지 벌써 20여 년이 흘렀지만 우리의 현실은 아직도 풀어야 할 숙제가 많아 보인다.

'나조차도 수학 문제 하나 더 푸는 것보다 중요한 것을 놓치고 있는 것은 아닐까?' 자문해보면서 이 글을 쓰기 시작했다. 내게 이 책은 딸에게도 환자들에게도 완벽한 엄마, 완벽한 의사는 아니지만 충분히 좋은 엄마, 좋은 의사가 되기 위해 노력하는 마음의 다짐이기도 하다.

마음과 몸은 한통속으로
상호작용을 한다

🌿 "저는 정신건강의학과에 온 게 아니거든요."

"가슴이 너무 두근거리는 게 심장에 뭔가 큰 이상이 생긴 것만 같아요. 이러다 그냥 죽는 게 아닌가 겁이 나는데 검사를 더 해봐야 되는 거 아닌가요?"

심장내과 의사가 들을 법한 질문을 정신건강의학과 의사인 나도 종종 들을 때가 있다.

내가 근무하고 있는 검진센터에는 정신건강의학과를 비롯해 심장내과, 소화기내과, 외과, 영상의학과, 통증의학과, 치과 등 다양한 분야의 과가 협진을 하고 있기 때문에 다른 과에서 환자를 의뢰받는 경우가 있다.

'가슴이 너무 두근거리는데 이러다 죽는 게 아닌가?' 하는 마음에 겁이 난다는 K양도 심장내과에서 진료를 받다가 정신건강의학과로 의뢰된 환자였다. K양은 2~3개월 전부터 심근경색으로 치료받고 있는 어머니의 건강이 걱정되고 염려되어 잠도 잘 안 오고 가슴이 심하게 두근거리는 증상이 생기기 시작했다. 그러자 어머니처럼 심장에 이상이 생긴 게 아닌가 걱정이 되어서 심장내과를 방문했다고 한다.

심장 관련 정밀검사를 시행한 결과 K양은 단순 빈맥으로 K양의 어머니와 같은 심각한 심장질환은 아니었다. 그럼에도 불구하고 지나치게 건강에 대한 염려가 지속되자 계속 다른 검사를 해봐야 하는 것은 아닌지 심장내과 의사에게 확인하게 되었고, 불면증이 지속되자 내과 의사의 권유로 정신건강의학과에서 상담을 받게 된 것이다.

보통 이렇게 의뢰되어 온 환자는 "정신건강의학과에 올 필요가 없는데 담당 의사가 하도 가보라고 해서 어쩔 수 없이 왔다."라며 불평을 한다.

🌿 마음이 아파 몸도 아픈 캔디

곱게 예쁨받으며 자랐을 것 같은 인상과는 달리 K양이 털어놓는 삶은 파란만장 그 자체였다. K양의 아버지는 K양이 5세 때 사업에 실패하고 어머니와 서류상 이혼을 한 뒤 나중에 기반을 잡고 나면 부르겠다며 나이 차이 많이 나는 오빠만 데리고 호주로 도피성 이민을 갔다고 한다.

아버지는 호주에서 다른 여자와 재혼을 하고 경제적 지원을 끊었다. 어려운 환경에서 미술에 소질을 보이던 K양은 아버지에게 호주에서 공부하고 싶다고 무작정 편지를 써 보냈다. 중학교 1학년 때 아버지의 초청으로 호주로 갔지만 기대와는 달리 미술 공부는커녕 배다른 남동생을 돌보고 집안 살림을 해야 했다. 1년간 학교도 못 가고 식모처럼 일만 하던 K양을 보다 못한 10세 위 오빠가 아버지와 싸워서 학교를 보내주었다고 한다.

새어머니의 구박 속에 지내던 K양은 고등학교 3학년 때 오빠가 교통사고로 갑작스럽게 사망하면서 충격을 받고 도망치듯 한국으로 돌아오게 되었다. 검정고시를 통과하고 직장을 다니면서 2년 전부터 사내 연애를 해오던 K양은 남자친구가 6개월 전 갑자기 퇴사를 하더니 휴대전화 번호도 바꾸면서 일방적으로 차이게 되었다. 헤어지게 된 이유를 도무지 알 수 없어 함께 알고 지내던

지인을 통해 수없이 연락을 취해봤지만 거절만 당했다고 한다.

시간이 지나면서 처음의 의아함과 당혹감이 서서히 억울함과 분노로 바뀔 무렵 가슴이 지나치게 두근거리는 증상이 찾아왔다. 심장수술을 하셨던 어머니가 돌아가실까 봐 불안해지고 자신도 어머니처럼 같은 병을 앓고 있는 것은 아닌가 하는 걱정에 술을 마시지 않으면 잠을 이루지 못할 정도로 불면증이 생겼고 체중도 갑작스럽게 증가했다. 직장 동료며 자신을 알고 있는 사람들이 자신을 무시하는 것 같아서 짜증도 늘기 시작했다.

여기까지 이야기를 들으면 보통 정신건강의학과 의사는 환자가 호소하는 가슴 두근거림을 정서적인 원인에 의해 나타나는 신체증상으로 이해한다. 이미 심장내과에서 할 만한 검사는 다 해봤는데도 심장에 심각한 문제를 찾을 수 없었기 때문에 환자에게 설명을 하고 심층심리검사를 권유한다. 하지만 어떤 환자들은 완강하게 거부하고 계속 자신의 심장병을 주장하기도 한다. 현대의학이 발견하지 못한 문제가 숨어 있을 거라고 강하게 믿으며 다른 병원에서 검사를 더 해보겠다고 하면 환자의 의견을 존중해주지만 안타까울 뿐이다.

다행히 K양은 내 의견을 받아들여 심층심리검사를 했다. 검사 결과 K양은 분노가 누적되어 왔으며 친밀한 관계에 대한 결핍과 고독으로 만성적인 우울감과 불안감을 느껴왔다는 것이 드러났다. 이러한 설명에도 K양은 자신이 그렇게 우울하거나 불안하다고 느껴보지 못했으며 헤어진 남자친구에 대해서도 서운하고 화가 많이 났지만 '이유가 있었겠거니…' 하고 이미 마음을 정리했다고 이야기했다. 헤어진 남자친구와 가슴 두근거림이 무슨 상관이냐고 의심스러워하는 얼굴이었다.

K양은 고통스러운 정서 경험을 억압하는 경향이 있어서 스스로도 마음이 아픈 줄 잘 모르고 그야말로 '외로워도 슬퍼도 울지 않는 캔디'로 꿋꿋하게 살아왔던 것이다. 갑자기 떠나버린 남자친구에게 심한 배신감과 실망감을 느꼈지만 늘 해오던 대로 누적된 분노를 표현하지 못한 채 신체적 채널을 통해 간접적으로 표현을 하게 된 것이 바로 가슴 두근거림이었다.

🌿 분노와 심장병

독자들 중에도 K양처럼 정신건강의학과 의사의 상상력이라고 의심하는 분이 있을지도 모르겠다. 하지만 강한 적개심과 분노가 심장병의 위험을 상승시킨다는 사실은 많은 연구를 통해 확인된 사실이다.

성격유형과 심장병의 관련성을 확인하게 된 최초의 연구는 '서부 공동 그룹 연구Western Collaborative Group Study’로 3,500명의 남성을 대상으로 8년간 어떤 성격 유형의 사람들이 심장병에 잘 걸리는지를 추적 조사했다. 그 결과 조급하고 경쟁심이 많으며 공격적인 A유형 성격이 심장의 관상동맥 질환을 증가시킨다고 밝혀졌으며, 이후 많은 추가 연구들을 통해 관련성이 확인되었다.

듀크대학교 의대 레드퍼드 윌리엄스Redford Williams 박사는 118명의 변호사를 25년간 추적 조사한 결과 A유형의 여러 성격 특성 중에서, 특히 분노와 적개심이 강할수록 심근경색 등 관상동맥성 심질환의 발병이 증가해 50세 이전에 사망할 확률이 5배나 높다고 주장했다. 윌리엄스 박사는 적개심은 ‘남을 이기적이고 믿을 수 없는 존재’로 보는 믿음에서 생기며 아마도 생애 초기에 부모와 같이 자신을 돌보아주는 사람에게 ‘기본적인 신뢰감’을 얻지 못했을 가능성을 제기했다. 추론해보자면, 모든 대인관계는 기본적으로 신뢰할 수 없다고 여기고 언제든지 이용당할 수 있는 위험이 도사리는 것으로만 여기는 사람은 그렇지 않은 사람에 비해 더 많은 적개심과 분노를 느끼게 되어 관상동맥성 심질환의 발생 비율이나 조기 사망 위험률이 더 높을 수 있다는 것이다.

K양의 경우 살아오면서 ‘신뢰감’과 관련해 아버지에게 버림받은 깊은 상처가 있었다. 미술 공부를 하고 싶다는 열망으로 호주까지 아버지를 찾아갔지만 돌아온 것은 이복동생을 돌보는 식모

나 다름없는 삶이었으니 그 배신감과 화는 이루 말할 수 없었을 것이다. 가장 가까운 혈육인 아버지에게 신뢰감을 상실한 K양에게 유일하게 위로가 되어주던 오빠마저 갑작스런 사고로 죽은 뒤 공부도 포기하고 하나뿐인 어머니에게 무작정 달려올 때 K양의 마음이 얼마나 불안하고 절박했을지 이해가 된다. 어머니만큼이나 의지하고 있던 남자친구가 아무런 설명도 없이 일방적으로 관계를 끊으면서 아마도 K양은 아버지에게 느꼈던 분노와 배신감을 다시 한 번 재경험했을 것이다.

강한 분노를 느낄 때 우리 몸이 보이는 생리 반응은 먼저 심장 박동수가 증가하고 혈압이 올라가는 것이다. 부신수질과 부신피질의 호르몬이 활성화되면서 자율신경계의 각성이 관여하는데 노르에피네프린, 에피네프린, 글루코코르티코이드 등이 교감신경계를 자극해 심장 박동수와 혈압의 증가, 근육의 긴장, 호흡수의 증가와 같은 일련의 생리적인 반응을 유발하게 된다. 만성적인 분노로 이런 생리적 상황이 지속되는 경우 심장에 부담을 주게 되고, 결국 다양한 심장질환을 일으키고 사망률을 높이게 되는 것이다.

K양의 어머니가 심근경색을 앓게 된 것도 아마 남편에 대한 분노가 하나의 원인으로 작용했을 거라고 짐작해볼 수 있다. 안타깝게도 K양 또한 지금처럼 고통스러운 정서 경험에 대해 지속적

으로 신체적 채널을 통해서만 느끼고 발산하는 것을 멈추지 않는다면 수십 년 후에는 자신의 걱정처럼 어머니와 마찬가지로 심근경색에 걸릴 가능성이 커지는 것이다.

🌱 우리 집의 사랑과 전쟁

내가 정신건강의학과 의사가 되어 마음 건강이 몸 건강에 큰 영향을 미친다는 것을 수많은 연구 결과들을 통해 과학적으로 배우기 전에 체험하게 해주신 분이 있다. 바로 어머니다.

5남매의 장녀인 어머니는 완벽주의 성격으로 주변 사람들에게 속 깊은 장녀, 현명한 아내, 훌륭한 엄마, 효심 깊은 며느리로 인정받으며 살아오셨다. 늘 칭찬을 받는 분이셨지만 집안에서 유일하게 어머니를 못마땅하게 여기는 분이 있었으니 바로 할아버지(어머니의 시아버지)셨다. 아버지가 연애로 어머니를 만나 결혼했다는 것부터 눈엣가시 보듯 하시던 할아버지는 맏며느리가 대를 이을 아들 하나 낳지 못하자 어머니를 대역죄인 대하듯 하셨다. 집안 형편이 넉넉하지 못해 공부를 마음껏 못한 게 한이 되었던 아버지가 자식을 더 낳으면 못 가르친다며 단호하게 수술을 해버렸기 때문이었다. 둘만 낳아 잘 기르자는 당시 정부정책에 충실했던 결과는 어머니에게 돌아오는 구박과 무시였다.

어머니가 풀어놓고, 내가 자라면서 보아온 어머니의 시집살이에는 모 방송국의 〈부부클리닉 사랑과 전쟁〉이라는 재연 드라마 못지않은 절절한 사연이 있다. 그렇게 해서 결국 어머니는 내가 초등학교 2학년 때 우울증으로 병원에 입원하셨다. 생전에 어머니가 정신건강의학과 의사와의 첫 상담에서 눈물을 쏟았던 경험을 말씀하시면 나는 이름도 얼굴도 모르는 그 선생님께 얼마나 감사한 마음이 들었는지 모른다. 어머니는 그때 이혼을 결심하셨는데 치료를 받고 퇴원하시면서 그 결심은 그냥 흐지부지되었다. 부모님이 이혼하시고 아버지가 할아버지에게 떠밀려 새장가를 들어 배다른 동생이 생겼더라면 내 인생이 어떻게 달라졌을지 모를 일이다.

우울증 치료 후 어머니는 완벽주의 성격을 조금 버리고 마음을 비우려고 많은 노력을 하셨지만 내가 중학교 1학년 때 유방암에 걸리셨다. 지금까지 우리 외가에 암에 걸린 가족이라고는 어머니 딱 한 사람뿐이다. 막연하게 어머니가 시집살이하며 받았던 수많은 스트레스가 암의 원인이었을 것이라고 생각해왔었는데, 의과대학에서 공부를 하면서 그 막연한 추측이 많은 연구 결과로 증명된 사실이라는 것을 알게 되었다.

🌾 스트레스와 암

건강한 사람도 몸속에서 정상적으로 낮은 수준에서 암세포가 생성되고 있다. 암세포는 정상 세포가 가지지 않는 특이한 항원을 가지고 있는데 건강할 때는 살해T세포^{killer T cell}나 자연살해세포^{natural killer cell}와 같은 면역세포가 이 항원을 통해 암세포를 인지해 통제하지 못할 정도로 증식하기 전에 파괴해버린다. 하지만 면역체계가 여러 가지 원인으로 인해 약화되면 정상적인 낮은 수준의 암세포들이 점차 그 수를 늘려가게 되고 나중에는 정상 조직을 압도할 정도로 부피가 커지고 조직과 장기가 그 기능을 상실하게 된다. 이것이 바로 암 발생 기전 중의 하나다.

건강한 면역체계를 가진 사람도 다량의 암 발생 물질에 노출되면 암이 생길 수 있다. 일본 대지진 때 원전 방사능 유출로 우리나라 취재진 중 일부가 피폭되어 정상보다 많은 염색체 이상을 보여 암 발생 위험이 높아진 경우가 그 예다. 이렇게 환경적인 요인에 의한 직접적인 면역체계 손상뿐만 아니라 스트레스와 이로 인한 정서 반응도 면역체계를 악화하고 암 발생을 촉진시킨다고 알려져 있다.

가장 최근의 연구로는 존스홉킨스대학의 알덴^{Alden} 박사 등이 2010년 발표한 대규모 코호트 연구^{Baltimore Epidemiologic Catchment}

Area (ECA) Study 결과가 있다. 1981년부터 2005년까지 23년간에 걸쳐 3,177명의 건강한 성인남녀를 추적 조사한 결과 주요 우울장애를 앓은 경우 전체 암 발생 위험률이 높아졌고, 특히 여성은 유방암이 발생할 위험이 심각하게 증가했다고 발표했다. 남성의 경우 전립선암이 우울증과 관련이 있었으며 주요 우울증으로 진단을 내릴 정도는 아니지만 다양한 우울증상을 보일 때도 비슷한 패턴을 보였다고 한다.

우울증이 암 발생의 위험을 높이는 기전은 면역체계의 기능을 변화시키거나 DNA 손상의 복구를 억제하는 것으로 설명된다. 많은 동물실험 연구에서 확인되었는데 스트레스와 우울증은 DNA 손상을 복구하는 효소를 억제해서 세포자연사^{apoptosis}를 방해하고 암세포의 성장을 억제하는 방어시스템을 무력화한다. 또 종양세포를 파괴하는 데 중요한 역할을 하는 자연살해세포의 기능 저하는 만성 스트레스와 연관이 있다고 한다. 유방암과 전립선암처럼 호르몬에 의해 매개되는 암이 우울증과 관련이 있는 것은 우울증과 암 발생 사이에 공통적인 생물학적 기전이 있다는 것을 시사하며, 여기에 시상하부-뇌하수체-부신축$^{HPA\ axis}$이 관여할 것으로 생각된다.

스트레스를 받으면 시상하부는 부신피질자극호르몬방출인자^{CRF}를 분비하고, 이것이 뇌하수체를 자극해 부신피질자극호르몬

ACTH이 분비되면 부신에서는 스트레스 호르몬인 코르티솔이 나온다. 코르티솔은 스트레스에 대항해 우리 몸이 적절히 대응할 수 있도록 각 기관을 준비시키는데, 만성적인 스트레스를 받으면 비정상적으로 시상하부-뇌하수체-부신축이 활성화되어 코르티솔 농도의 불균형을 가지고 온다. 그런데 이 코르티솔이 바로 세포의 성장과 죽음을 조절하는 신호에 관여하기 때문에 암 발생 위험이 함께 증가하는 것이다. 체내에서 하루 동안 정상적인 코르티솔 일주변동이 일어나지 않으면 유방암이 발생할 위험이 증가한다는 연구 결과도 있다.

🌱 생과 사, 감정에 달리다

10,808명을 대상으로 1982년부터 1996년까지 진행된 핀란드 쌍둥이 코호트 연구Finnish Twin Cohort Study에서는 이혼이나 남편의 죽음 같은 생애 사건이 스트레스 요인으로 작용해 유방암 발생 위험률을 높인다고 밝혀졌다. 그런데 암 발생 위험률을 높이는 데 있어 중요한 것은 생애 사건 자체뿐만 아니라 그것에 동반해 어떠한 정서 반응을 보이느냐다. 영국 킹스대학병원의 연구에 따르면 유방암이 발병한 환자들은 평소에 분노와 같은 감정 표현

을 지나치게 억압하는 경우가 많았으며 이런 유방암 환자들을 추적 연구한 결과, 살겠다는 의지를 가지고 암과 싸우는 투쟁정신을 보이는 경우에는 생존율이 높았다고 한다.

우리 어머니를 떠올리지 않을 수 없다. 이혼을 생각했을 정도로 극심한 스트레스를 받으면서 우울증이 생기셨고 결국은 유방암에 걸리셨던 어머니는 정말 화가 나면 꾹꾹 참고 오히려 말이 없어지는 분이었다. 할아버지는 말도 안 되는 트집으로 다른 식구들에게 어머니 흠을 잡았지만 어머니는 그런 할아버지에 대해 누구한테 속 시원히 털어놓고 욕 한 번 한 적이 없었다. 그렇게 가슴속에 담아온 화를 정신건강의학과 의사와의 첫 상담에서 쏟아내면서 속이 시원했다고 두고두고 이야기하셨다.

생전에 어머니는 반복되는 수술과 항암치료, 방사선치료를 받는 중에도 자신이 암으로 죽을 것이라는 생각은 한 번도 해본 적이 없다고 하셨다. 다시 태어나 새로운 삶을 사는 거라면서 재발로 수술받은 날짜를 생일 대신 기념하셨고 항암제를 맞고 계속 토하면서도 딸들을 생각하며 억지로 일어나 죽을 드시던 모습이 떠오른다. 비록 화를 억압하는 잘못된 스트레스 대처 반응으로 우울증과 암에 걸리셨지만, 그 이후에는 낙관적으로 삶에 대한 의지를 가지고 암과 투쟁하는 긍정적인 정서가 있었기에 20년을 더 사신 게 아닌가 싶다. 이렇게 몸과 마음은 한통속으로 상호작용을 한다.

　진료실에서 여러 가지 이유로 찾아오는 환자들을 볼 때마다 나는 어머니를 도와주셨던 정신건강의학과 선생님을 떠올리며 진심으로 그들의 마음에 귀 기울인다. 내 경우처럼 그분들과 그 가족들의 인생 역시 어떻게 바뀔지 모르는 귀한 시간이기 때문이다.

마음 건강을 위해
감정을 평생학습하자

🌿 공감과 평정심

"언니, 정신건강의학과 의사 맞아?"

전화로 이야기를 나누던 동생이 기가 차다는 듯 나를 나무랐다. 갑자기 일격을 당한 나는 당황스러웠다.

"내가 지금은 의사가 아닌 네 언니지, 진료실도 아닌데 왜 정신건강의학과 의사 타령이야?"

"아니, 내가 언니한테 이런저런 하소연을 하는 건 언니가 내 편이 되어서 같이 욕해주었으면 좋겠고 힘들었겠다는 위로도 받고 싶어서 그런 거야. 그런데 왜 이래라저래라 해결책만 제시하는 거야? 그건 나도 알아!"

그제야 나는 아차 싶었다. 결국 동생의 볼멘소리에 사과를 했다. 위로를 기대했다가 잔소리만 잔뜩 듣고 실망해서 화가 난 동생은 나에게 환자들에게도 그러는 것 아니냐고 의심의 눈초리를 보냈다. 사실 상담을 할 때는 동생에게 하듯이 일방적으로 설교하지는 않는다. 상대의 말을 들으면서 공감하고 섣불리 조언을 제시하기보다는(물론 조언이 필요할 때도 있지만) 스스로 생각을 정리하고 방향을 정할 수 있도록 도와주는 것이 정신건강의학과 의사로서 주로 내가 하는 역할이다. 그런데 동생에게는 왜 그랬을까?

부드럽고 친밀한 인간관계를 유지하는 데 필요한 능력은 상대의 감정을 파악하고 수용하는 능력에서 비롯된다. 동생이 나에게 기대했던 공감이 바로 그것이었다. 그런데 상대의 감정에 조율하려면 먼저 자신의 마음을 잘 인식하고 평정심을 유지해야 한다. 우울하거나 화가 나 있거나 불안하고 걱정이 많은 상태에서는 다른 사람의 마음이 들어올 여유가 없다. 내가 한 실수는 바로 여기에 있었다. 평정심을 잃었던 것이다.

동생과 나는 나이 차가 고작 한 살이지만, 엄마가 돌아가신 후로 동생에 대한 일종의 책임감 비슷한 게 생겨서 미혼인 동생에게 늘 엄마가 잔소리하듯 대했던 것 같다. 게다가 퇴근 후 두 딸들과 놀아주느라 에너지를 다 뺏기고 녹초가 되어 있을 때 걸려온

동생의 전화는 타이밍이 아주 나빴다. 당시 내 심리 상태는 자녀의 마음에 주의를 기울이는 '사려 깊은 엄마'보다는 '지쳐 쉬고 싶은 엄마'였기에 동생의 하소연에 조급하게 해결책만 제시했던 것이다.

❧ 거울신경과 전두엽

공감능력과 자신의 감정을 인식하고 다스리는 능력은 감성지능을 이루는 중요한 요소다. 뇌과학의 발달로 뇌의 어떤 부위에서 감성지능을 이루는 이러한 능력들을 관장하는지 밝혀지고 있다.

다른 사람이 느끼는 감정을 마치 내 것처럼 느끼고 이해할 수 있는 공감능력은 거울신경체계와 관련이 있다. 거울신경은 1990년대 이탈리아 파르마대학의 자코모 리촐라티Giacomo Rizzolatti 연구팀이 짧은꼬리원숭이의 운동신경을 연구하다가 발견되었다. 원숭이가 음식에 손을 뻗어 집을 때 반응하는 뇌 특정 부위의 세포가 연구원이 원숭이에게 똑같은 동작을 보일 때도 같은 반응이 나타났고, 뇌세포가 마치 거울과 같이 반응한다는 의미에서 거울신경세포라고 이름 지었다. 인간의 경우 기능성 자기공명영상을 활용한 뇌 이미지 연구를 통해서 거울신경세포가 전두엽과 두정엽에 존재한다는 것이 밝혀졌고 하나의 세포보다는 여러 세포들 사이가 연결되어 작용한다는 점에서 거울신경체계라고 한다. 거울신경은 모방과 언어 습득, 공감 등에 중요한 역할을 하는 것으로 여겨진다.

감정을 잘 조절하기 위해서는 자신이 어떤 감정을 느끼고 있고 어떤 생각을 하고 있는지 먼저 알아야 한다. 이러한 자기 인식을 바탕으로 나아가 스스로 위로하기도 하고 부정적인 감정을 떨쳐 버릴 수 있는 힘을 내기도 한다. 앞서 감정의 중추로 편도체에 대해 설명하면서 편도체와 연결된 전두엽이 감정을 관리하는 데 어떠한 역할을 하는지 설명했다. 편도체가 위기 상황에 대처할 수 있도록 빠르게 감정을 느끼고 처리하는 곳이라면, 전두엽은 조금 느리지만 상황을 좀더 분석하고 파악해 적절하게 감정의 깊이를 조절할 수 있도록 해준다.

전두엽은 상상, 판단, 계획, 문제 해결, 추론과 반성 등 고등한 정신능력과 관련된 부위로 포유류 중에서 고등한 생물일수록 잘 발달되어 있다. 자기 인식은 발달된 전두엽의 활동이며 복내측 부위가 특히 감정 경험에 대해 생각하는 능력과 관련이 있다.

이러한 과학적 발견들은 감성지능이 혈액형처럼 타고나서 변화할 수 없는 것이 아니라 향상시킬 수 있다는 근거가 되기도 한다. 왜냐하면 출생시에 뇌는 발달이 완성된 상태가 아니라 신생아부터 성인기까지 계속 발달을 하기 때문이다.

🌱 뇌 발달과 감성지능

아기의 뇌는 성숙한 뇌의 25%밖에 안 되는 크기로 매우 미성숙하게 태어난다. 아기의 뇌는 대부분 출생 후에 발달하며 특히 생후 첫 5년 동안이 중요하다. 이 시기에 겪는 여러 경험과 부모와의 정서적인 교류는 아기의 뇌가 스트레스에 작용하는 방식에 지대한 영향을 준다.

뇌에는 GABA라는 항불안 작용을 하는 신경전달물질이 있다. GABA는 스트레스를 받을 때 분비되는 호르몬인 코르티솔의 분비를 억제하고 편도체의 과잉 활성을 진정시키는 역할을 한다. 연구에 따르면 어린 포유동물이 엄마에게서 떨어져 혼자 남겨진 채 오랫동안 정서적 고통을 받으면 GABA 유전자에 변화가 일어나고 뇌의 스트레스 반응체계가 과민해지며 불안을 잘 느끼게 된다고 한다. 결국 변화된 GABA 신경체계는 불안장애와 우울증의 원인이 될 수 있다.

남편, 친정 엄마와의 갈등으로 상담을 받으러 온 환자 C는 부부갈등으로 우울증이 심한 엄마 밑에서 성장하면서 정서적인 상호교감을 받지 못해 소아우울증이 생겼고 이 증상이 성인기까지 이어진 경우였다. C의 엄마는 늘 누워 있었고 무기력해서 4세밖에 안 된 C에게 혼자 나가 놀라고 했다. C가 기억하는 어린시절은 너무너무 심심하고 지루해서 괴로웠던 날들이다. 영유아기 때 당연히 받아야 했던 애정과 의존 욕구가 좌절되면서 C는 깊은 우울과 불안이 누적되었다. 결국 사춘기 때 엄마와의 나쁜 관계는 정점으로 치달았다.

C는 자신의 욕구가 좌절될 때마다 엄마를 심하게 비난하고 공격했고, 나중에는 이 관계가 습관처럼 굳어져서 가족들 사이에서 C는 늘 시비 거는 사람으로 인식되었다. 학창시절에는 친구들에게 왕따를 당했고, 성장해서는 타인의 시선을 지나치게 의식하는 경향으로 스트레스가 심해 직장에서 잘 적응하지 못했다. 선을 봐서 결혼한 C는 남편과의 관계에서도 엄마를 대하는 것과 비슷하게 공격적인 언쟁을 자주 해서 부부관계와 모녀관계가 모두 악화되어 상담을 받게 되었다.

C처럼 무기력해서 자녀들과 정서적인 교감을 나누지 못하고 기본적인 의식주만 겨우 제공해주는 부모 밑에서 자라난 아이는 친구를 사귀고 우정을 나누는 데 필요한 사회지능이 발달하지 못한다. 대화의 타이밍을 맞추지 못해서 대화가 어긋나고 순조롭게

이어지지 못하며 상대방의 사회적 신호와 감정 상태를 정확하게 파악하지 못해 너무 가까이 다가서서 대화 상대를 불편하게 만드는 등 신체언어와 공간 사용에 서투르다. C가 자라면서 자신에게 친구가 없고 친구를 사귀는 게 힘든 이유를 알지 못한 채 외롭게 지낸 것은 바로 사회지능에 중요한, 안구 바로 위 안와전두엽의 뇌 회로들이 적절하게 발달하지 못했기 때문이다.

전두엽과 두정엽의 회백질 부위는 12세를 전후해서 신경세포가 성장하고 연결이 늘어나는 양적 성장이 최고조에 달했다가 이후 서서히 감소하면서 성인기에 도달한다. 이 과정을 '시냅스의 가지치기'라고 하는데, 나무의 성장을 촉진하고 우량한 목재로 만들기 위해 나뭇가지의 일부를 자르고 다듬는 가지치기를 하는 것과 같은 원리다. 양적 성장을 한 뇌가 가지치기를 통해 질적인 성장을 하게 되면 추상적인 사고가 가능해진다. 논리적으로 부모의 허점을 따지고 대드는 사춘기의 특징은 바로 이런 뇌 발달과 관련이 있다.

또 한편으로 가족에서 친구로 사회적 관계가 확대되면서 복잡하고 미묘한 관계를 파악하고 해석하는 능력의 발달은 오히려 불안을 조성하기도 한다. 자기중심적인 사고에서 벗어나 타인의 시선을 더 의식하게 되면서 사소한 것에도 상처를 받는 등 예민하고 까칠한 면을 보이기 쉬운 것도 뇌 발달로 이해할 수 있는 청소년기의 특징이다.

성장과정에서 유아기 때 불안과 우울이 누적된 경우 정상적으로 나타나는 청소년기의 특징이 병적으로 증폭된다. C가 그랬듯이 타인의 시선이나 평가에 심하게 예민해지면 편집적으로 피해의식에 사로잡힐 수도 있다. 부모와 논쟁중에 자신의 의견이 잘 받아들여지지 않는 경우 거절에 대한 상심으로 불안과 우울이 심해져 분노를 폭발시키기도 한다. 전두엽이 제기능을 하지 못하고 편도체가 과잉 활성화되는 것이다.

🌱 회복 탄력성

2018년 방송되었던 MBC 수목드라마 〈이리와 안아줘〉의 남자 주인공 캐릭터는 앞서 살펴본 뇌 발달과 감성지능(EQ)과의 관계를 고려해볼 때 앞으로 설명할 회복 탄력성을 입증해주는 훌륭한 예이다. 주인공은 폭력적이고 죄책감을 모르는 싸이코패스 아버지 밑에서 역시나 폭력적인 배다른 형과 함께 살아오면서 나이답지 않게 성숙해진 소년이다.

주인공은 8살에 엄마가 돌아가신 뒤 새엄마가 수차례 바뀌는 혼란스러운 삶을 견디는 중에 결국 10여 명을 살해한 연쇄살인마로 밝혀진 아버지에 의해 자신의 첫사랑의 부모까지 살해당한다. 그 과정에서 아버지에게 생명의 위협을 당하고, 결국 경찰에 그 악행의 목격자로 진술해야 하는 참혹한 일을 겪은 이 소년은 아버지나 형과는 달리 책임감 있고 듬직한 청년으로 자라난다.

어려운 환경에서도 경찰대에 입학해 수석 졸업을 하고, 범인을 잡을 때는 누구보다 냉철한 이성으로 수사를 하는 등 목표를 세우면 끝까지 성취해내는 성격이다. 동시에 첫사랑인 여주인공이나 범죄 피해자, 사랑하는 가족들 앞에서는 깊은 공감과 배려, 순진하고 여린 모습을 드러내며 울고 웃는 입체적인 매력이 드러난다.

트라우마를 극복하고 해피엔딩으로 끝나는 이 드라마의 주인공을 뇌 과학적인 측면에서 살펴보자. 드라마 상에서 외상후 스트레스 장애 증상을 보이는 측면이 있지만 깊은 상처에서 회복된 후에는 아마도 전두엽이 잘 발달되어 있어 일을 할 때는 좌뇌 지배적인 특성을 보이는 한편 개인적인 생활에서는 감정을 솔직히 드러내는 등 감성뇌도 잘 발달된 건강하고 통합된 뇌를 가질 것으로 추론할 수 있다.

드라마가 아닌 실제로 성장과정에서 주된 양육자가 자주 바뀌고 아동기, 청소년기를 거치며 지속적으로 폭력과 학대를 받아온 사람이 있다면 그 사람의 성격은 어떨까? 아마도 그의 뇌는 만성적으로 높은 코티솔에 노출되면서 모든 구조와 화학체계가 폭력적인 세상에 적응하는 쪽으로 변화했을 가능성이 높다.

그럴 경우 과잉 경계, 두려움, 과잉 방어와 공격으로 늘 긴장하면서 수시로 격한 감정에 휩싸일 수 있다. 스트레스 상황을 효과적으로 처리할 수 있는 뇌가 제대로 발달하지 못할 뿐 아니라 남을 배려하는 능력이나 자신의 감정을 돌아보는 능력이 떨어지고, 사회성도 결여된다. 아마 학업을 제대로 마치지 못하고 학교 폭력의 가해자로 퇴학을 당해 마약이나 술에 중독된 갱스터가 되기 쉬울 것이다.

1950년대에 가난과 질병, 범죄율이 높은 미국 하와이 카우아이섬에서 833명의 신생아를 대상으로 성인이 될 때까지 종단 연구를 시행했다. 이 연구는 결손가정에서 자라난 아이들이 학교나 사회에 적응하기 힘들고 성격이나 정신 건강에 문제가 있는 부모 밑에서 자란 아이의 경우 자존감이 떨어지는 등 나쁜 영향을 준다는 결론을 내렸다. 이 연구를 분석하던 심리학자 에미 워너 Emmy Werner 교수는 연구대상자 833명 중에서도 가정환경이 가장 열악해 고위험군으로 분류된 201명 중 1/3인 72명이 그럼에도 불구하고 훌륭하게 성장했다는 사실에 주목했다.

'어려운 환경 속에서도 사회에 잘 적응하고 자기 삶을 더 잘 꾸려갈 수 있었던 힘은 무엇일까?'라는 의문에서 시작된 연구는 회복탄력성이라는 개념의 탄생으로 이어졌다. 회복탄력성이란 고난과 시련을 이겨내는 긍정적인 힘을 의미하는데 이것이 높은 사람일수록 질병, 사고, 실직, 가족의 죽음, 이혼 등 인생의 어려움을 잘 극복하고 오히려 이를 통해 한 단계 성장한다고 한다.

워너 교수는 카우아이섬 연구를 통해 드러난 높은 회복탄력성의 배경으로 인간관계를 지목했다. 어려운 환경에서 잘 자라난 아이들의 경우 예외 없이 그 아이를 무조건적으로 이해해주고 받아주는 누군가가 옆에 있었다는 것이다.

회복 탄력성의 관점에서 보자면 앞서 얘기한 드라마 주인공의 인생에서 사랑과 배려와 따뜻함을 가르쳐준 존재들이 그에게 주어진 가혹한 운명에서 벗어날 수 있는 힘을 주었다. 드라마에는 첫사랑 여주인공뿐만 아니라 그의 부모, 새어머니와 여동생, 친구와 직장 상사 등 열악한 환경 속에서도 주인공이 자신을 건강하게 잘 지킬 수 있는 힘을 주는 대상들이 자세히 묘사되어 있다. 결국 주인공은 상처를 넘어서고 성장한다. 정신건강의학과 전문의들 사이에 농담으로 "성격장애 환자들은 배우자를 잘 만나면 낫는다."는 얘기가 있다.

❧ 평생학습에서 희망을

　환경적인 요인을 압도할 만큼의 타고난 유전적 우월성이 부족하고 이상적인 부모 밑에서 자상한 보살핌을 완벽하게 받으며 자라지 못했다고 하더라도 다행히 우리의 감성 뇌가 평생 해결할 수 없는 영구적인 손상을 받은 채로 있는 것은 아니다.

　물론 뇌가 가장 왕성하게 발달하는 생후 5년간 따뜻하고 세심한 양육경험을 하면 가장 좋겠지만 그 이후에도 기회는 있다. 아동기와 청소년기뿐만 아니라 성인기에도 우리의 뇌는 매우 유연하고 탄력적이어서 다양한 상담과 심리치료를 통해 감정을 잘 조절하고 스트레스에 대해 건강하게 대처할 수 있는 조절체계를 배우는 제2의 기회를 가질 수 있다.

　개인적으로 정신건강의학과 전문의가 되기 위한 수련은 나에게 간접적으로 상담이나 심리치료의 역할을 해서 감성지능이나 회복탄력성이 발달하는 데 많은 도움을 받은 것 같다.

　정신건강의학과 의사들은 수련 과정에서 정신분석에 대해 배우고 실제 환자를 보면서 배운 것을 적용해 상담을 한다. 보통 자신이 경험한 환자 사례를 지도 교수에게 보고해 개인지도를 받고 여러 의사들과 토론하고 조언을 듣는다. 이때 흔히 듣는 말이 "환자의 감정을 따라가라."는 말이다. 환자가 언어적·비언어적으로 표현하고 있는 감정을 잘 파악해서 알아차리고 그것을 따라가야만 적절한 순간에 적절한 방법으로 자신이 알게 된 것을 환자에게 돌려줄 수 있다. 그러면 환자는 이해받았다고 느낀다. 또 환자의 이야기를 들으면서 동시에 자신이 느끼는 감정과 생각을 볼 수 있어야 한다.

쉽지 않은 과정이기에 전문의 자격증을 따고서도 많은 정신건강의학과 의사들이 학회에서 경험을 나누고 공부를 한다. 이 과정이 바로 전두엽과 그와 연결된 감정회로를 훈련시키는 과정이었다고 생각한다. 그런데 종종 타고난 '공감 능력자'를 정신건강의학과 의사들 중에 볼 수 있다. 그럴 때는 마치 피겨 여왕 김연아를 보듯 타고난 능력에 감탄을 하게 된다. 하지만 김연아도 타고난 능력 위에 오랜 시간 각고의 노력과 훈련이 있었다는 것을 기억하자.

모든 사람이 김연아처럼 훌륭한 운동선수가 될 수 없어도 건강을 위해 운동을 하는 것처럼, 모든 사람이 정신건강의학과 전문의가 될 수 없겠지만 우리의 마음 건강을 위해 감정을 다스리는 법을 배우고 향상시킬 필요가 있다.

『EQ 감성지능』의 저자 대니얼 골먼은 그래서 감성지능 학습이 평생학습이라고 주장한다. 학교폭력, 군대 내 폭력, 묻지마 살인 등의 기사가 심심치 않게 올라오는 요즘 더욱 대니얼 골먼의 주장에 수긍하게 된다. 학교와 직장 내에서 상시 심리상담을 받을 수 있고 정신건강의학과 전문의를 만나는 것을 자연스럽게 여기는 문화가 우리나라에도 정착되기를 기대해본다.

감정은 하등한 것이고 이성의 통제 아래 두어야 한다는 편견 속에 부정적인 것으로만 과소평가 받아온 감정! 하지만 다양한 사회와 문화적 배경에서도 공통적으로 발견되는 보편적인 감정들은 저마다 그 존재 이유와 의미가 있다. 각각의 감정을 좀더 자세히 이해해보자.

부정적 감정을 다시 보자:
양파껍질 벗기기

2부

슬픔, 삶의 깊이를 헤아리고
어른이 되는 과정

🌿 헤아려 본 슬픔

"슬픔은 게으른 것이라고 아무도 내게 말해주지 않았다. 일상
이 기계적으로 굴러가는 직장에서의 일을 제외하면 나는 최소한
의 애쓰는 일도 하기 싫다. 글쓰기는 고사하고 편지 한 장 읽는 것
조차 버겁다. 수염 깎는 일조차 하기 싫다."

"슬픔이 마치 두려움과 같은 느낌이라고 아무도 내게 말해주지
않았다. 무섭지는 않으나, 그 감정은 무서울 때와 흡사하다. 똑같
이 속이 울렁거리고, 안절부절못하며, 입이 벌어진다. 나는 연신
침을 삼킨다. 어떤 때는 은근히 취하거나 뇌진탕이 일어난 것 같

은 느낌이 든다."

"슬픔은 삶이 영원히 임시적이라는 느낌을 갖게 한다. 무언가 시작한다는 것을 가치 없어 보이게 한다."

"만사가 재미없다. 그러면서도 다른 사람들이 곁에 있어주기를 바란다. 집이 텅 빌 때마다 무섭다. 사람들이 있어주되 저희들끼리만 이야기하고 나는 가만 내버려두면 좋겠다."

『헤아려 본 슬픔』이라는 책에 나오는 문장들이다. 이 책은 『나니아 연대기』로 유명한 작가 루이스^{C. S. Lewis}가 아내를 잃고 깊은 슬픔에 잠겨 고통스러운 시간을 보내면서 써내려간 일기다. 어린 시절 암으로 어머니를 여의었던 루이스는 청년시절에 아버지도 암으로 돌아가신 뒤 끝내 그의 표현대로 "심신 어디든 충족되지 않은 바가 없었던 사랑"을 나눈 아내마저 암으로 사별하게 되는 고통을 겪는다.

루이스는 무신론자였지만 회심한 뒤 치밀하고 논리적이며 명료한 문체로 빛나는 저작들을 남겨 기독교에 큰 영향을 주었다고 평가받는다. 『헤아려 본 슬픔』에서 루이스는 사랑하는 아내를 잃은 슬픔 앞에서 자신이 겪은 고통, 분노와 원망, 신에 대한 회의 등을 사실적으로 적나라하게 풀어놓고 있다.

🌱 사랑하는 이와 영원히 이별하는 슬픔

죽음이라는 영원한 이별 앞에서 느끼는 슬픔이야말로 삶을 뿌리째 뒤흔들 수 있는 가장 큰 슬픔이 아닐까 싶다. 그래서 루이스와 비슷한 고통을 안고 진료실을 찾아오는 사람들이 종종 있다. 그들이 토로하는 슬픔은 『헤아려 본 슬픔』에 묘사된 문장처럼 두려움과 무기력함으로 가득 차있어 함께하는 이들까지 무겁게 가라앉힌다.

A부인은 가까운 친구를 심장마비로 갑자기 잃고 진료실에 찾아왔다. 5년 전에 남편이 폐암으로 죽었을 때도 무척 슬프고 막막했지만 차츰 기운을 되찾았는데 친구가 죽은 일은 쉽게 떨쳐지지 않고 자꾸 생각이 나서 힘이 든다고 호소했다. 남편과의 이별은 2년여간 투병생활을 거치며 어느 정도 마음의 준비를 했었는데 친구의 경우는 너무도 갑작스러웠다고 했다.

친구는 남편과 사별한 뒤 마음을 추스르기 위해서 나가기 시작한 노래교실에서 만난 동년배 남자였다. 취미가 같고 사별을 했다는 공통점으로 가까워진 두 사람은 같은 노래교실 사람들과의 친교 모임뿐만 아니라 개인적인 만남을 가지며 서로를 더 알아가게 되었다.

그 남자는 A부인에게 적극적으로 호감을 표현했지만 A부인은 조심스러웠다고 한다. 금슬 좋은 부부로 소문이 났었던 사별한 남편에 대한 미안함, 결혼을 하지 않은 20대 딸의 혼사에 영향을 줄지도 모른다는 염려, 나이 든 여자의 재혼에 대한 남들의 시선 등을 생각하면서 선을 그었다. 하지만 남편의 허전한 빈자리를 채우고 외로움을 달래는 데 그 남자친구의 존재가 시간이 갈수록 커져갔다. 딸도 대학을 졸업하고 직장을 잡은 뒤로는 엄마에게 연애 좀 하라고 적극적으로 권하는 데다 한결같은 남자친구의 모습에 좀더 마음을 열려고 결심을 할 무렵 갑자기 그가 죽은 것이다.

설 연휴에 무엇 하냐고 전화가 왔길래 음식을 좀 싸다줄까 하다가 말았는데 그게 마지막 통화였다. 자녀가 없었던 탓에 형제와 친구들이 마지막을 지킨 장례식장에서 A부인은 하염없이 흐르는 눈물을 주체할 수 없었다고 한다. 명절에 너무나 외롭게 쓸쓸히 간 남자친구에게 음식을 가져다주려다 망설였던 게 한없이 후회되고 가슴 아팠다. 딸에게 남편을 먼저 보냈을 때보다 슬프다는 이야기를 할 수도 없고 가까운 친구에게도 비밀로 했던 만남이었기에 어디 속 시원히 털어놓을 곳도 없어 진료실에 왔다고 했다.

🌱 슬픔은 상태가 아니라 과정

A부인과의 상담은 루이스가 『헤아려 본 슬픔』에서 말한 대로 "슬픔은 상태가 아니라 과정"이라는 것을 공감하게 되는 시간이었다.

"슬픔은 마치 긴 골짜기와도 같아서, 어디로 굽어들든 완전히 새로운 경치를 보여주는 굽이치는 계곡이다. 부분적으로 반복되기는 하지만, 그 결과는 같지 않다."

상담 과정에서 루이스가 문학적으로 유려하게 묘사한 대로 슬픔이 매시간 두려움과 무력감으로 반복적으로 표현되었지만 그 상태에 머물러 압도당해 있지만은 않았다. 여러 기억과 그에 묻은 감정을 더듬으며 여행한 끝에 A부인은 큰 슬픔을 견디면서 때로는 사랑했던 이와의 즐거운 추억에 웃기도 하는 자신을 발견하게 되었다.

A부인은 평생 동안 늘 누군가의 보살핌 속에서 마치 온실 속 화초처럼 지내오다가 남편의 죽음으로 갑자기 울타리가 사라진 듯한 느낌이었다고 한다. 어쩌면 남자친구가 마음 한구석 새롭게 안식할 수 있는 온실이라고 여겨오다가 또다시 죽음을 통해 이별하자 의지할 곳 없는 마음이 되어 슬펐던 것 같다고 했다. 나 또한 젊음이 다해 죽음을 맞이할 것이라는 피할 수 없는 사실 앞에서

두렵고 슬프기도 했다며 어느새 죽음이 더욱 현실로 다가오는 나이가 되었노라고 담담히 말하게 되었다.

❧ 바라보기의 힘

루이스나 A부인처럼 슬픔이 상태가 아닌 과정이 되게 하는 힘은 바로 'observing'에 있다. 『헤아려 본 슬픔』에서는 문학적으로 번역되었는데 'observing'의 사전적인 뜻은 '보다, 주시하다, 관찰하다.'이다. 루이스의 글쓰기나 A부인의 상담은 말 그대로 '슬픔을 두고 유심히 들여다보는' 과정이 있었다. 감정을 느끼지만 한편으로 거리를 두고 들여다볼 수 있을 때 우리는 그것에 휘둘리거나 압도당하지 않고 견디면서 그 상태를 벗어날 수 있는 힘을 얻는다. 바라보기를 통한 거리두기야말로 감정을 잘 다스리는 첫걸음이다.

현대사회에서는 사람들마다 우울, 불안, 스트레스가 많지만 그런 부정적인 감정을 느끼면서 들여다보고 내적으로 충분히 소화할 시간적 여유가 없이 바쁘게 돌아가는 것 같다. 그러다 너무나 커져버린 감정에 체한 사람들이 결국 정신건강의학과 진료실 문을 두드린다. 상담 과정에서 치료자는 대부분 'observing'을 통해 환자들이 그런 감정에 압도당하지 않고 거리두기를 할 수 있도록 도와준다.

🌱 너무나 완벽한 B부인의 우울

상담을 통해 자신의 슬픔을 바라보고 그 본질을 깨달음으로써 그것을 달래는 힘을 얻을 수 있는 수준의 슬픔이 있는가 하면, 상담만으로는 다소 부족한 심한 우울도 있다.

압구정동에서 살다가 남편의 직장을 따라 경기도에 이사 간 B부인은 동네 사람들의 수준이 낮아서 어울리기 힘들고 친구가 없어 재미가 없고 주변에 편의시설도 부족해 불편한 게 한두 가지가 아니어서 우울하다며 진료실에 찾아왔다. B부인은 회계사인 아버지와 중소기업을 운영하는 어머니 밑에서 부유하게 자란 뒤 명문대를 나와 역시나 명문대를 나온 남편과 중매로 결혼해 강남에서 살고 있었다. 남편은 대기업 중역으로 조용하고 신사적이며 다정한 사람이고 아들은 공부를 잘해 과학고를 목표로 공부한다고 했다. 무엇 하나 모자란 것 없는 환경에서 살아오다가 갑자기 지방 중소도시에서 살게 되자 자신과 너무도 맞지 않다며 이것저것 불만이 많았다.

수준 떨어지는 곳으로 이사를 간 탓에 우울해졌다고 하소연하던 B부인은 치료자와 신뢰가 생기면서 점차 솔직하게 더 큰 슬픔을 이야기하기 시작했다. 부족함 없어 보이던 그녀에게 유일하게 부족한 것은 바로 어머니의 사랑이었다. 어머니는 기가 센 여장부로 자기만 옳다고 생각하며 남에게 상처주는 말도 거침없이 잘하고 무시하곤 했다. B부인의 기억에 어머니는 한 번도 칭찬은커녕 따뜻한 말 한마디나 포옹을 해준 적이 없는 분이었다. 풍족한 환경에서 아낌없이 지원해주는데도 최고 대학에 진학을 못했다고 늘 질책하며 '너 따위는 나 아니었으면 이것도 못했을 것'이라는 어머니의 비난에 B 부인은 주눅이 들어 있었다.

어머니는 늘 B부인의 모든 행동을 보고받고 지시했으며 그것밖에 못하느냐는 비난을 멈추지 않았다. 결혼을 하고서도 집 안 청소와 음식 만들기, 장보기, 아기 돌보기 등 모든 면을 간섭해서 남편이 자신은 허수아비처럼 두고 중요한 일을 어머니와 결정한다며 서운해했다. 어머니와 비슷한 성격의 언니 둘이 B부인을 자기 종 부리듯이 사소한 일로 심부름을 시키고 무리한 요구를 해도 B부인은 참고 들어주기만 했다.

자녀 교육을 생각하면 지방으로 이사를 가는 것은 미친 짓이라며 만류하는 어머니 뜻을 생애 처음으로 어기고 이사를 나온 이유에는 남편의 직장도 있었지만 어머니의 지나친 간섭에서 벗어나고픈 마음이 숨어 있었다. 해방감이 들었지만 막상 변화된 환경에 적응하기가 수월하지 않자 B부인은 어머니 말을 듣지 않아서 벌을 받는지도 모른다고 후회하게 되었다. 어머니는 실제로 잘되나 두고 보자며 악담을 했다고 한다.

❧ 엄마를 잃은 아이의 슬픔 vs. 세로토닌의 부족

B부인의 우울을 2가지로 설명할 수 있다. 하나는 정신분석적 해석이다. 애정 대상love object의 상실은 우울증의 가장 흔한 촉발 요인으로 죽음이나 이별이 흔하지만 가족이나 친구에게 거절당할 것이라는 예상으로 초래된 내적·심리적 상실이 원인이 되기도 한다. 상실 그 자체 또는 상실이 자신에게 미치는 영향을 부정함으로써 자신의 감정을 회피하다가 부정이 효과적이지 못하게 되면 우울증이 뒤따르게 되는데, B부인의 경우가 전형적이다.

정신분석적으로 본 우울증은 복잡한 감정으로 슬픔뿐만 아니라 흔히 분노가 혼합되어 있다. 자신을 버린 상실한 애정 대상을 향한 분노다. 하지만 대부분 우울증 환자는 타인을 향한 적개심에 죄책감을 느끼며, 자신의 분노를 직접 표현하는 것을 두려워한다. 적개심을 겉으로 표현하면 관계가 단절될지도 모르기 때문에 위험하다고 생각하는 것이다. 그래서 분노를 자기 비난과 책망이라는 형태로 자신에게로 돌리며 이것이 우울증의 핵심 양상이 된다.

어릴 때부터 어머니에게 질책과 비난을 들으며 자라온 B부인은 자존감이 낮았고, 사랑을 원하지만 충족시켜주지 않는 어머니에 대한 분노와 의존적 사랑에 대한 갈구가 함께 자리 잡은 강렬한 양가감정을 가지게 되었다. 평소 개미 한 마리도 죽이지 못하는 조용하고 얌전한 성격의 B부인이 슬픔과 자책에 빠져 있다가 그 뒤에 숨은 어머니에 대한 분노를 발견하고 표현하기까지 다소 시간은 걸렸지만 반복되는 바라보기를 통해 점차 가능해졌다.

B부인의 우울은 뇌의 신경전달호르몬의 불균형으로도 설명할 수 있다. 대표적으로는 세로토닌이 있으며 그 외에도 도파민, 노르에피네프린 등과 같은 신경전달호르몬이 부족한 경우 우울증이 발생한다고 알려져 있다. 우울증이 생겼을 때 우울한 감정 이외에도 수면의 질 변화(불면증이나 과다 수면), 식욕의 변화(식욕 저하나 폭식), 성욕의 저하 등 신체적 증상이 나타나는 이유는 이들 신경전달호르몬이 수면, 식욕, 성욕과 관련이 있기 때문이다. B부인의 경우 아버지와 고모가 우울증을 앓은 가족력이 있어서 가족력이 없는 사람들보다는 유전적으로 신경전달호르몬 체계가 다소 취약할 가능성이 있었다.

❤️ 바라보기를 통한 슬픔의 회복 vs. 항우울제

B부인의 우울증 치료에 상담과 항우울제 복용이 가장 우선적으로 권유되었다. 상담과 항우울제 복용은 상호보완적이어서 2가지를 복합적으로 쓰면 하나의 치료법만 쓸 때보다 훨씬 효과가 크다.

상담을 하면서 처음에 B부인은 어머니 이야기를 할 때마다 자식이 부모를 원망한다는 죄책감에 힘들어했지만 차츰 상담의 대부분을 그 이야기로 채우게 되었다. 잘못한 점만 지적받다 보니 자신감 없고 의기소침해져서 과일 하나 고르는 것도 어머니의 허락을 받아야만 하는 '어른 아이'로 성장했고, 정신적인 성장을 가로막았던 어머니에 대한 원망과 화를 쏟아내며 수많은 시간을 보냈다.

상담을 시작한 지 3년이 지나면서 B부인은 스스로 자존감을 회복해갔다. 어머니 곁을 떠나면 아무것도 혼자 할 수 없을 것 같은 무력감에서 차츰 벗어나 주부로서 역할에 충실하고자 애를 썼고 자신만큼 아내와 엄마 역할을 멋지게 할 사람도 없을 거라는 자신감을 표현하게 될 무렵 마침내 아들이 과학고등학교에 진학하고 남편은 승진을 했다. 이제는 사춘기를 겪고 있는 아들을 보면서 표현은 비록 거칠게 했어도 어머니가 지금 자신의 마음 같았을 거라고, 어머니의 사랑 표현 방식을 이해하게 되었다. 또 치료 자를 포함해 친하게 지냈던 동문 언니, 나이 지긋한 이웃 지인 등 어머니를 대신할 애정 대상을 자신이 찾아 헤매고 있었다는 것도 깨닫게 되었다.

항우울제는 선택적인 세로토닌 흡수 억제제SSRI; Selective Serotonin Reuptake Inhibitor가 대표적이며 부족한 세로토닌이 뇌의 신경 연결 부위에서 오랫동안 머무르게 해 세로토닌 농도를 높여준다. 도파민이나 노르에피네프린에 작용해 간접적으로 세로토닌 농도를 높여주는 약물도 있다. 식욕, 수면, 성욕 등에 상당한 변화가 있고 자살사고도 늘어나는 등 심한 우울증의 경우 상담만으로는 부족하고 꼭 약물치료를 받아야 한다. B부인이 우울증에서 회복할 수 있었던 것은 꾸준한 약물치료가 상담과 함께 이뤄졌기 때문이다.

✿ 누구나 우울하고 슬퍼질 수 있다

B부인과 같이 상담과 약물치료가 동시에 필요할 정도로 심한 우울장애를 앓는 경우는 평생 15% 정도로, 여성의 경우는 25% 정도다. 그러나 심한 우울장애가 아닌 가벼운 우울감과 슬픔은

살면서 누구나 한번쯤 경험하기 마련이다.

정신분석적으로 본 우울의 근원은 생애 첫 1년 동안으로 거슬러 올라간다. 아이는 자신이 세계의 중심이라는 자기애적 상태에 빠져 있는데, 부모가 아무리 아이의 욕구를 충족시켜주려고 노력하더라도 좌절을 피할 수 없고 이것이 나중에 우울증을 경험하는 원형이 된다고 한다. 어른이 되어서 자존심을 손상시키는 충격들을 겪으며 '나에겐 어머니가 필요하지만, 어머니가 항상 도와주는 것은 아니라는 사실'을 깨닫게 되고, 이때 어릴 때의 감정을 다시 끄집어내면서 우울하게 되는 것이다.

성장 발달 과정에서 모든 아이들이 이러한 상실감, 부적절감, 무력감 등을 경험하므로 모든 성인들은 다 우울 반응이 발생할 소지를 갖고 있다고 한다. 이러한 우울 반응에 적절히 대응을 하지 못하게 되면 심한 우울로 발전하는 것이다. 우울증의 가족력이 없더라도 말이다. 그러므로 우울증에 걸린 사람을 보고 마음 약한 사람이라고 탓하거나 낙오자 취급할 일이 아니다. 긴 인생을 살다 보면 언제나 탄탄대로는 아니다. 누구나 우울하고 슬퍼질 수 있다고 인정하고 그런 자신을 스스로 위로할 수 있는 힘을 길러야 한다.

우울감을 피하지 않고 바라볼 때 슬픔이 잘 소화되고 좀더 성숙해지며 스스로 위로하는 힘 또한 길러진다. 오랜 기간 자신의 슬픔을 정면으로 바라보면서 B부인은 마침내 어떤 때는 어머니가 투정부리는 아이처럼 귀여운 면도 있는 것 같다고 이야기를 하게 되었다. 엄마의 사랑을 잃을까 봐 두려워하던 아이에서 나이 든 엄마를 이해하며 다시 보게 된 '진짜 어른'이 된 것이다.

분노, 나를 지키기 위한
건강한 자기주장

❧ "열 받아." vs. "Steamed up."

"열 받는다." "뚜껑이 열린다." "화가 치밀어 오른다." "머리꼭지가 돈다." 등은 분노가 느껴질 때 표현하는 우리나라 말이다. 영어에도 비슷한 표현이 있다. "I got steamed up." "I did a slow burn." "I'm getting mad."

영어권 문화에서나 우리나라 문화에서 분노를 표현하는 말에 공통적으로 열熱과 화火가 들어간다는 것이 재미있다. 동서양의 문화가 다른데도 분노를 표현하는 데 공통점이 있다는 것은 그 감정의 보편성을 시사한다.

실제로 심리학자이자 비언어 의사소통의 전문가인 폴 에크만 Paul Ekman의 연구에 따르면 분노는 파푸아뉴기니에서 수렵과 채집생활을 하는 원주민이나 미국 뉴욕에서 최첨단 IT산업에 종사하는 사람이나 공통적으로 느끼는 인류의 보편적인 감정이다. 물론 분노를 일으키는 상황이 문화적으로 다를 수는 있지만, 파푸아뉴기니 원주민이나 뉴욕 시민이나 구분 없이 상대방의 얼굴에 나타난 표정을 보고 분노의 감정을 정확하게 읽을 수 있었다고 한다.

5개 대륙의 21개 문화권에 걸친 광범위한 연구에서 보여진 공통된 분노 표현은 화가 났을 때 관찰되는 신체기관의 변화와 일치하는 경향이 있었다.

화가 날 때 보통 신체는 근육이 긴장되고 말초혈관이 팽창하며 호흡이 가빠지고 심장박동 수가 증가해 혈압이 올라가는 등의 증상을 보인다. 특히 말초혈관이 팽창될 때 열기를 지각하게 된다고 한다. 분노와 관련해서 나타나는 이러한 공통적인 신체 반응 때문에 아마도 열熱과 화火가 들어가는 공통된 언어 표현이 나온 것 같다.

✿ 분노를 느끼는 뇌

분노라는 것이 보편적이고 수천 세대에 걸쳐 이어져 내려오는 동안 자연선택에서 살아남은 감정이라면 그것은 인류의 생존과 번식에 유용했기 때문이라고 진화심리학자들은 이야기한다. 이 감정은 상대를 위협할 때 쓰이면서 동시에 반대로 자신을 지키는 역할을 한다는 것이 동물연구에서 밝혀졌다.

인류와 동물에게 보편적인 감정인 분노는 일차적으로 원시뇌 (파충류뇌)에서 관장한다고 한다. 한창 밥을 먹고 있는 개를 건드리면 어떻게 될까? 아마도 개가 이빨을 드러내고 으르렁대서 혼이 날 것이다. 화가 난 개에서 활성화되는 뇌의 신경 경로가 바로 분노를 관장하는 원시뇌다. 사람의 경우는 이런 분노를 느끼는 과정이 조금 더 복잡하다. 원시뇌뿐만 아니라 우리의 뇌에서 가장 진화된 부분인 대뇌피질(전전두 피질, 중복측 부위)에서 분노를 느낄 수 있다고 한다.

예를 들어 고압적이고 권위적인 상사의 일방적인 업무 지시가 계속되면서 은근히 화가 쌓이는 상황을 생각해보자. 상사의 요구 자체가 화를 일으킬 정도로 부당할 수도 있다. 하지만 예전에 비슷한 상사에게 당했던 경험이 있거나 권위적인 아버지 밑에서 반항심을 품었던 경우라면 화가 더 날 수도 있다. 이런 경우에 바로 전전두피질의 중복측 부위가 관여한다고 한다. 아마도 우리는 화가 나지만 상사에게 개처럼 즉각적으로 화를 내지는 못할 것이다. 이렇게 상황에 따라 분노의 감정을 조절할 때 개입하는 부분도 역시 이 부위다.

✿ 왜 화가 나는 걸까?

화가 나는 상황은 문화에 따라 다를 수 있다. 우리나라에서는 아이가 귀여우면 흔히 머리를 쓰다듬지만 피지에서 멋모르고 아이 머리를 쓰다듬었다가는 아이 부모에게 봉변을 당할 수도 있다. 피지 사람들은 머리를 쓰다듬으면 영혼이 사라진다고 믿기 때문이란다. 구체적인 상황은 문화나 나라마다 사람마다 조금씩 다를 수 있어도 공통점이 있다. 인지주의 심리학자들이 주목한 것은 바로 그 상황에 대한 공통된 해석 내지는 평가다.

인지심리학자들의 연구에 따르면 분노가 일어나는 상황은 예상하지 못한 일이나 원하지 않은 일이 발생해 좌절을 하게 되는 경우, 고의적으로 일이 벌어졌다고 생각되는 경우, 자신의 신념이나 가치체계와 반대되는 일이 생긴 경우, 화를 내서 통제할 수 없는 경우 등이다.

치매 환자의 보호자로 진료실을 찾은 L부인의 경우 인지심리학자들이 말하는 분노가 일어날 만한 모든 상황에 처해 있었다. 50대인 L부인의 남편은 고위 공무원으로 20년 넘게 성실하게 근무해오다 은퇴를 앞두고 있었다. 3년 전부터 기억력이 깜박깜박해서 나이가 들어 그러려니 했는데 최근 6개월 사이에 급격하게 나빠져 진료를 받게 되었다. 검사 결과 남편은 조발성 알츠하이머 치매였다.

아직 결혼시키지 못한 아들과 딸이 있는데 가장이 치매에 걸렸다는 것에 L부인은 충격을 받은 듯했다. 그리고 이런 일이 왜 하필이면 우리 가족에게 일어났는지 억울해했다. 나중에 알게 되었지만 L부인이 더 화가 나는 데는 사연이 있었다. 남편이 밖에서는 성실하고 유능해서 인정받는 사람이었지만 집에서는 정반대로 폭군이었던 것이다. 이기적이고 돈만 아는 구두쇠로 아내와 자식들에게는 한 푼도 쓰길 아까워했지만 자기 어머니와 동생들에게는 아낌없이 퍼주었다. 당연히 L부인과 갈등이 있을 수밖에 없었다. 그럴 때마다 남편은 L부인에게 욕설을 퍼부으며 주먹질과 발길질을 해댔고 드러내놓고 바람까지 피웠다.

수도 없이 이혼을 생각했지만 L부인은 자식 때문에 참으며 살았다. 그런데 자식이 이제 다 커서 결혼만 시켰더라면 지금 당장 이혼해도 미련이 없는 남편이 치매에 걸린 것이다. 그리고 그 수

발은 고스란히 L부인의 몫이 되었다. 남편이 경제적인 도움을 줄 때는 장남으로 모시고 형님으로 받들던 시댁 식구들은 남편이 치매진단을 받고 은퇴를 하게 되자 나 몰라라 했다. 안부 전화 한 통 없던 시누이들에게 명절에 "언니는 오빠 연금 타니까 좋겠다."라는 이야기를 듣고 L부인은 말문이 막혔다고 한다.

누가 보더라도 화가 날 수밖에 없는 상황에 처해 있었지만 L부인은 초인처럼 화를 다스리고 있었다. 그런 L부인이 유일하게 화를 내는 때는 남편이 치매센터에 가지 않겠다고 떼를 쓰거나 약을 먹지 않겠다고 버틸 때였다. 어르고 달래도 남편이 말을 듣지 않을 때 L부인은 상황을 통제하기 위해 화를 터트렸고 이는 주효했다. 남편이 고분고분해졌기 때문이다.

🌱 화를 다스리는 다양한 방법

욕구가 좌절되어 분노, 갈등, 불안 등 부정적인 감정을 경험하면서 마음의 평정을 잃는 경우, 사람은 마음의 평정을 회복하기 위해 특징적인 방법들을 사용한다. 정신분석의 창시자 지그문트 프로이트Sigmund Freud가 처음 제기했던 이 심리적인 기제에 대한 개념을 프로이트의 딸인 안나 프로이트Anna Freud가 정리·완성했고, 이를 방어기제라고 부른다. 화가 나는 상황뿐만 아니라 화가 났을 때 그것을 다스리는 방법이 사람에 따라 다른 것은 바로 주로 사용하는 방어기제가 다르기 때문이다.

지난 결혼생활을 돌이켜보면 남편이 죽이고 싶을 정도로 미웠지만 L부인은 존경스러울 정도로 화를 잘 억제suppression하며 치매에 걸린 남편을 돌보고 있었다. 남편의 규칙적인 생활과 균형 잡힌 영양식단을 지극정성으로 꾸린 것은 반동형성reaction formation이 작용한 것으로 볼 수 있다. 하고 싶은 것과는 정반대의 행동을 하는 것이다. 간병으로 인한 스트레스를 푸는 L부인의 유일한 취미가 골프와 십자수 뜨기라는 것이 흥미롭다. 공을 때리고 바늘로 찌르며 사회적으로 용납되는 형식으로 화를 풀었다고 보면 바로 승화sublimation인 것이다.

진료실에서 보았던 또 다른 예를 보자. 지나치게 꼼꼼하고 융통성 없는 남편 때문에 가계부며 냉장고 정리까지 일일이 지적당하는 어떤 부인은 놀다 들어온 아들에게 냅다 소리를 지르며 공부를 안 한다고 심하게 야단치곤 했다. 이것은 전치displacement의 방어기제다. 즉 남편에게 화가 나는 것을 만만한 아들에게 푼 것이다. "종로에서 뺨 맞고 한강에서 눈 흘긴다."라는 속담이 여기에 들어맞다.

법 없이도 살 사람이라는 소리를 듣던 한 중년 남성은 믿었던 부인의 외도로 이혼을 하게 된 뒤 불면증이 심해져 진료를 받게 되었다. 이 남성은 이혼 과정에서 느꼈던 심한 분노와 아내에 대한 배신감, 슬픔 등을 아무렇지도 않게 무덤덤한 어조로 이야기했다. 떠올리기 고통스러운 감정인 분노를 의식에서 격리^{isolation}시킨 채 이야기를 하는 것이다.

자신의 화를 다른 사람의 것으로 투사^{projection}하는 경우도 있다. 매사에 자신감이 없어 의존적이면서 사람들에게 무시당하는 것 같아 화가 나 있던 한 여성은 친구들이 자신을 미워하고 시기한다고 생각했다. 그러다 상담중에 실은 자기보다 잘나 보이는 친구들을 부러워하고 미워하는 건 자기 자신이라는 것을 깨닫게 되었다.

억제, 승화, 유머 등은 성숙한 방어기제로 개인이 상황에 잘 적응할 수 있도록 도와주고 집단의 이익에도 도움이 된다. 반면 미성숙한 사람은 투사, 전치, 반동형성, 격리, 신체화 등의 방어기제를 더 많이 사용한다. 방어기제가 미성숙하다고 해서 불필요한 것은 아니다. 일반적으로 사람들은 성숙한 방어기제와 미성숙한 방어기제를 함께 쓴다. 어떤 것을 더 많이 쓰느냐에 따라 성격이 결정되기도 하고 병이 생기기도 하는 것이다.

❧ 분노의 신체화, 화병

자주 쓰는 방어기제의 특성이 개인적으로는 성격 특성으로 나타나지만 집단적으로는 문화적 증후군을 불러일으킬 수도 있다. 화병이 바로 그 예다. 화병은 신체증상을 동반한 우울증이다. 우울감, 식욕 저하, 불면 등의 우울증상 외에 가슴 답답함, 두근거림, 통증, 명치에 뭔가 걸린 느낌, 소화불량 등 신체증상이 동반되는 것이 특징이다. 화병은 중년 여성들이 잘 걸리는 것으로 알려져 있다.

화병의 발생과 특징적인 증상에 한국 문화의 어떤 점이 작용했기에 문화적 증후군이라는 것일까? 바로 여성에게는 화를 내는 것(바꾸어 말하면 자신을 지키기 위해서 자기주장을 하는 것)이 잘 용납되지 않은 문화 때문이다.

지금이야 조금 달라진 면도 있지만 권위적이고 가부장적인 문화에서 한국 여성은 보통 결혼하면 귀머거리 3년, 벙어리 3년, 장님 3년이라는 호된 시집살이를 겪어야 했다. 봐도 못 본 척, 들어도 못 들은 척 하며 '가정의 평화를 위해 내가 참자.'라는 자세로 10여 년 지내다 보니 중년에 화병이 생기는 것이다. 화를 내지는 못하고 대신 몸이 아픈 것은 신체화somatization의 방어기제가 작용했기 때문이라고 본다.

화병을 앓는 사람들이 느끼는 신체증상이 주로 위장관계, 심장 질환과 유사하다 보니 종종 소화기내과, 심장내과의 단골손님이 되기도 한다. 이것저것 검사를 해봐도 딱히 심각한 질환을 발견할 수 없는데 증상은 지속되어 이 병원, 저 병원 옮겨 다니다 뒤늦게 정신건강의학과에 상담을 받아보라는 권유를 받고 찾아오는 경우가 있다. 화병이 심한 경우에는 실제로 심장질환이 발생하기도 한다.

심장내과에서 부정맥으로 치료를 받아오다가 진료실을 방문한 60대 B부인의 경우가 그랬다. 대학을 졸업하고 직장생활을 하다가 아버지의 권유로 결혼을 한 B부인은 남자로서, 가장으로서의 권위를 강조하는 시댁과 남편 때문에 화병이 생겼다.

사회적으로 성공해 능력은 있었지만 B부인의 의견을 사사건건 무시하고 하라는 대로만 하라는 일방통행 식인 남편 때문에 B부인은 결혼생활 내내 이혼을 꿈꾸었다고 했다. 특히 그 시절 보통의 여인들과 다르게 고등교육을 받았고 친정의 아버지가 자상하고 사려 깊어 부부금슬이 좋은 가정환경에서 자라났기에 남편 말에 무조건 복종을 해야 하는 결혼생활이 B부인에게는 감옥과도 같았다.

결국 B부인은 결혼생활 20년 만에 심장병이 찾아왔다고 한다. 최근 남편이 은퇴한 후 집에서 두 사람이 함께 보내는 시간이 많아지면서 남편만 보면 가슴이 뛰고 속에서 뜨거운 게 치밀어 오르는 느낌이 심해져서 더이상 이렇게 살고 싶지 않다는 생각에 별거중이었다.

✿ 심장질환과 화

2002년 미국 의학 전문지 〈내과학보Archives of Internal Medicine〉에 발표된 존스홉킨스대학의 연구에 따르면 화를 잘 내는 남성은 그렇지 않은 사람에 비해 55세 이전에 심근경색에 걸릴 수 있는 상대적인 위험이 가족력이 없어도 5배 정도 높다고 한다. 1948년부터 1964년까지 존스홉킨스 의대를 졸업한 남자 의대생 1,055명을 대상으로 스트레스에 대한 반응 양상을 비롯한 건강 정보들을 평균 36년간 장기 추적 조사해 분석했다. 그 결과 총 205명(34.5%)에서 심혈관 질환이 발생했고 77명(7.9%)은 55세 이전에 발생했는데, 화를 많이 내는 성향의 사람들이 특히 조기 심혈관 질환 발생 위험이 높았다.

연구자들은 스트레스와 관련된 카테콜아민catecholamine이라는 신경전달호르몬이 화와 심장질환과의 연관성에 관여하는 것으로 보인다고 주장했다. 스트레스호르몬인 카테콜아민은 교감신경이 활성화될 때 부신수질에서 분비되어 혈관을 수축시키고 심장을 더 강하게 움직이게 하는 역할을 한다. 만성적이고 과도한 분노는 교감신경의 활성을 자극해 카테콜아민의 분비를 증가시키고 이것이 심장에 과부하를 줄 수 있는 것이다.

연구를 주도한 패트리시아 창Patricia Chang 박사는 성격이 불같은 청년이라면 당뇨나 고혈압 같은 기존 심장질환의 위험인자와 상관없이 조기 심혈관 질환의 발생을 예견할 수 있다고 말한다. 그렇다면 심장질환에 걸려 심장내과 전문의를 찾기 전에 자신의 화를 잘 조절할 수 있도록 정신건강의학과를 먼저 찾는 것이 현명한 예방책일 수도 있다. 심지어 이미 심장질환의 병력이 있는 사람이라도 화를 조절하는 법을 알면 심장건강이 훨씬 좋아질 수 있다.

메사추세츠의과대학 교수이며 스트레스 완화 클리닉 설립자인 존 카밧진J. Kabat-Zinn 교수가 개발한 '마음챙김 명상을 바탕으로 한 스트레스 감소 프로그램MBSR: Mindfulness Based Stress Reduction'에서는 심장발작으로 일도 그만두고 수술을 받아야 했던 환자가 스트레스로 인한 분노, 불안, 우울 등 부정적인 정서를 잘 조절하게 되면서 심장질환이 있음에도 훨씬 건강한 삶을 살게 된 수많은 사례들을 제시한다.

🌿 건강한 자기주장

화를 잘 내는 사람들이 심장질환에 잘 걸린다고 해서 무작정 화를 억압하는 것이 능사는 아니다. 분노를 극단적으로 억압하는 유형의 여성들이 유방암에 잘 걸린다는 영국 킹스대학병원의 연구나 감정 표현을 잘 못하는 폐암환자의 사망률이 감정 표현을 잘하는 환자군에 비해 4.5배 높다는 스코틀랜드 글라스고대학의 연구는 이를 잘 시사한다.

화를 잘 표현하지 못하는 사람들 중에는 술을 마시고 취해서 평소와는 달리 욕을 한다거나 다른 사람에게 시비를 거는 사람이 있다. 알코올이 심리적인 억압 기능을 약화해 묵었던 감정이 봇물 터지듯 쏟아져 나오는 것이다.

화를 적절하게 표현하지 못하고 쌓아두고 있는 사람들은 이렇게 무슨 계기가 있으면 마음 깊숙이 묻어두었던 감정이 한꺼번에 걷잡을 수 없이 나오기 때문에 스스로 내는 화를 무의식적으로 두려워하는 마음이 있다. 그러면 더더욱 화를 참게 되고 쌓인 화가 언젠가 폭발하면 상대와 자신 모두 상처를 입게 된다.

앞서도 이야기했지만 화가 날 수 있는 상황에서 적절하게 화가 났다는 사실을 표현하는 것은 건강하게 자신을 지키는 기능을 한다. 원시뇌에 휘둘려 무작정 화를 폭발시키는 것도 문제지만 화를 부정적으로만 보고 꾹꾹 참을 일도 아니다. 대신 어떤 의미에서 자신에게 그런 감정이 생겨나게 되었는지 곰곰이 헤아려 보자. 그래야 전두엽의 관장 아래 화를 잘 다스려야 할 때와 참아야 할 때를 구분해서 자신에게 유리하게 상황이 돌아가도록 효과적으로 화를 내는 법을 찾을 수 있을 것이다.

불안, 피할수록 커지고
마주하면 작아지는 것

🌱 3천 년 전에도 있었던 불안장애

옛날 중국 기紀나라에 사는 한 사람이 하늘이 무너지면 어디로 피하나 걱정을 심하게 해 자지도 먹지도 못했다고 한다. 이 소식을 듣고 어떤 사람이 그에게 가서 이렇게 말했다고 한다.

"하늘은 기운이 가득 차서 이루어진 것인데 어찌 무너져서 떨어지겠소?"

이에 걱정 많은 그 사람이 물었다.

"그렇다면 해와 달과 별도 마땅히 떨어지지 않겠지요?"

"해와 달과 별도 또한 기운이 쌓여 있는 가운데 빛이 있는 것이요. 비록 떨어지더라도 맞아서 다칠 일은 없을 거요."

안심이 안 된 기나라 사람은 다시 물었다.

"그럼 땅은 왜 꺼지지 않나요?"

"땅은 기운이 뭉쳐서 이루어진 것인데 어찌 꺼지는 것을 걱정하시오?"

그제야 기나라 사람은 근심을 풀고 크게 기뻐했다고 한다.

하늘이 무너질까 걱정하는 기나라 사람에서 유래해 쓸데없는 걱정, 안 해도 될 근심을 일컫는 말이 기우杞憂[기인지우(杞人之憂)의 준말]가 되었다. 현대 정신의학에서 보자면 기나라 사람은 아마도 범불안장애로 진단을 내릴 수 있을 것 같다. 심장이 두근거리거나 호흡이 가빠지고 두통, 어지러움 등 다양한 신체증상이 동반되면서 과도하고 만연된 걱정으로 사회적·직업적 손해를 보고 본인도 매우 고통스러운 것이 범불안장애의 특징이다. 걱정으로 침식을 전폐했다는 기나라 사람에게 딱 들어맞는다.

기나라 사람의 이야기가 『열자列子』의 「천서편天瑞篇」에 나온 것을 보면 기원전 전국시대에도 병적인 불안으로 고통받는 환자가 있었다고 할 수 있다. 아마도 그 사람은 하늘이 무너지는 걱정을 덜은 지 얼마 되지 않아 새로운 근심을 했을 것이다.

♣ 정상적인 불안

'정상적인 불안이라니?'라고 의문을 가지는 사람도 있을지 모르겠다. 사실 불안은 두려움과 더불어 인간이 어떤 위협을 당할 때 생물학적 반응과 함께 일어나는 정상적인 감정 반응이다. 불안을 느끼는 경우 동시에 자율신경계의 활성화로 두통, 발한, 심계항진, 빈호흡, 빈뇨, 흉부 압박감, 위장부 불쾌감 등 다양한 신체 증상을 경험하게 된다.

이와 같은 반응은 매우 역사가 깊은 것으로 원시인이 깊은 숲에서 호랑이를 만났을 때처럼 직접 생명의 위협을 느끼는 상황에서 원초적인 경고 반응으로 작용했다. 즉시 도전해서 싸우든지 도망가든지, 그 상황에 적절하게 대응해 살아남기 위한 준비와 적응의 과정이라는 면에서 불안은 필요하고 정상적인 반응이다.

현대인의 경우 불안은 갑작스럽게 생명을 위협받는 경우보다는 일상생활에서 겪는 여러 가지 과중한 스트레스와 심리적 갈등에서 오는 경우가 많다. 누구나 생활에서 어느 정도의 정상적인 불안을 겪고 있다. 적절하게 불안을 처리하는 방법을 알고 실천한다면 행위의 결과에 긍정적인 영향을 준다. 예를 들면 시험을 앞두었을 때 적당한 긴장과 걱정은 책상 앞에 앉아 공부를 하게 만든다. 하지만 불안이 지나친 경우 시험장에서 눈앞이 캄캄해지고 머릿속이 하얘지면서 아무 생각도 안 나 시험을 망치게 된다.

불안을 처리하는 심리적인 방법 중에 회피를 쓰는 경우 공부보다 게임이나 만화책에 빠지는 수도 있다. 정상적으로 생길 수 있는 불안을 처리하는 과정에서 신체적·심리적·인지적·행동적 대응에 이상이 생기는 경우 병적인 불안이 된다.

♥ 불안의 3가지 요소

불안은 생리적으로 나타나는 불안증상(신체적 불안), 행동으로 나타나는 불안증상, 그리고 생각(인지)으로 나타나는 불안증상, 이렇게 3가지로 구성된다.

조별 과제 결과를 발표해야 하는 Y양의 경우를 보자. 발표 날짜가 다가오면서 Y양은 발표하면서 실수를 하지 않을까, 혹시라도 자기 때문에 조별 점수를 형편없게 받지 않을까 걱정이 되었다(인지적 불안). 발표 당일, 차례를 기다리면서 Y양은 가슴이 두근거리며 답답했고 손에 땀이 나서(신체적 불안) 자꾸 손을 문지르게 되었다. 마침내 발표를 시작하자 얼굴이 빨개지면서 시선을 어디에 둘지 몰라 고개를 숙인 채 떨리는 목소리로 준비한 원고를 급하게 읽어 내려갔고 생각했던 것보다 빨리 허둥지둥 발표를 마쳤다(행동으로 나타난 불안).

사례에서 보듯이 각각의 요소들은 서로 연관되어 불안을 더욱 증폭시킨다. Y양은 발표 전부터 닥치지도 않은 위험에 대해 크게 걱정하고 최악의 상황을 상상하면서 발표를 잘할 수 없을 거라고 생각했다. 발표 당일 불안감이 고조되면서 얼굴이 빨개지는 생리적인 불안증상이 나타나자 남들이 알아챌까 봐 전전긍긍하게 되었고, 목소리가 떨렸으며 결과적으로 청중들이 자신의 이런 모습을 이상하게 볼 거라는 생각에 더 불안해져서 고개도 못 들고 발표를 짧게 끝내고 말았다.

과도하게 불안을 느끼는 사람들은 흔히 심한 신체증상을 동반해 경험하고 거기에 압도당해 그에 선행하는 자신의 생각을 잘 알아차리지 못하는 경우가 많다. 그래서 진료실에서 Y양은 전형적으로 이렇게 말한다.

"저는 남들 앞에만 서면 아무 생각도 안 나고 머릿속이 하얘지면서 얼굴이 빨개져요. 그냥 저도 모르게 저절로 그러는 것 같아요."

생각은 스치듯이 금방 지나가고 신체 반응은 오래 지속되기 때문에 '아무 생각 없이' 불안한 반응만 나타나는 것처럼 느낄 수 있다. 하지만 생각 없이 신체 반응이 나타나지는 않는다. 특정한 상황에서 신체적 반응이 나타나는 것은 두려워하는 상황에 대한 자신만의 의미와 해석이 있기 때문이다. Y양은 실패에 대해 용납하지 않는 완벽주의 성격으로 발표할 때 긴장했다는 사실을 남들이 알까 봐 지나치게 신경을 쓴 것이 정상적으로 나타날 수 있는 불안을 크게 증폭시킨 핵심 요인이었다.

🌱 병적인 불안: "불안해서 미치겠어요!"

다른 사례를 통해 병적인 불안이 발생하는 원인에 대해 더 자세히 알아보자. K씨는 원래 공황장애로 1년여간 치료를 받았던 환자였다. 증상이 좋아져서 약을 끊고 수년간 잘 지내오다가 갑작스러운 심한 불안 때문에 병원을 다시 찾게 되었다. K씨는 온몸에 식은 땀이 흐르고 안절부절못해서 잠도 제대로 자지 못하고 정신이 멍해서 아무것에도 집중할 수가 없는 극심한 불안에 미쳐 버릴 것 같았다. 이런 증상이 나타난 것은 한 달 전이었다.

K씨에게는 남동생이 둘 있는데 2년 전 둘째 동생이 사업을 시작하면서 대출을 받았다고 한다. 그런데 생각만큼 사업이 잘되지 않았고 금융위기로 유동성이 떨어지면서 추가 대출을 계속 받아서 빚이 눈덩이처럼 늘어난 상태로 대출 연장을 거부당한 것이다. 당장 빚을 갚아야 하는데 돈이 없으니 둘째 동생이 형과 부모

에게 도움을 청했다. 동생의 이야기를 들어보니 겁 없이 거액의 대출을 받아놓고 사업은 방만하게 운영해 사업을 당장 접는 것이 오히려 도움이 되는 지경이었다. 게다가 막내는 둘째의 빚보증을 설 때 부인 몰래 집을 담보로 내주어서 잘못하면 집을 잃을지도 모르는 형편이었다.

지방에서 서울로 올라와 어렵게 자취를 하면서 동생들을 가르쳐 대학에 보낸 K씨는 장남으로서 책임감이 강한 사람이었다. 둘째 동생에게 일어난 일을 모두 자신이 책임져서 처리해야 한다는 중압감에 새벽 늦게 까지 잠도 못 자고 식욕도 떨어졌으며 어떻게 하면 해결할 수 있을까 하는 고민으로 머릿속이 가득 찼다. '빚을 제대로 갚지 못하면 둘째 동생은 신용불량자가 되고 막내는 집을 잃어 집안이 온통 풍비박산이 나겠구나.' 하는 걱정에 노심초사하게 되었다.

그런 K씨에 비해 둘째 동생은 주위에서 도움을 조금 받고 사업을 접은 뒤 회사에 들어가 빚을 갚으면 된다고 느긋하게 생각하고 있었다. K씨의 집에 둘째 동생이 와서 하룻밤 잠을 자고 간 이후로 K씨는 걱정과 불안이 너무 심해져 일상생활을 할 수 없을 정도가 되었다.

❧ 걱정도 팔자다?

K씨와 둘째 동생의 반응을 보면 조금 의아해진다. 빚을 지고 신용불량의 위기에 있는 동생은 오히려 담담한데 K씨는 식음을 전폐하고 걱정을 하고 있다. K씨는 그야말로 병적인 불안에 사로잡혀 있는 것이다. K씨는 왜 그토록 불안해진 걸까?

K씨가 이전에 공황장애를 앓았던 것으로 미루어 볼 때 신경생리학적인 소인을 타고났을 가능성이 있다. 낯선 것에 대해 행동을 억제하는 기질behavioral inhibition to the unfamiliar을 타고나는 유아들의 경우 환경 내에 낯선 것에 대해서 잘 놀라는 경향이 있다고 한다. 같은 자극에 대해서도 다른 사람들보다 좀더 쉽게 놀라거나 두려워하고 조심성이 많은 것이다. 이러한 기질 특성은 매사에 신중하고 계획적이라는 성격에 긍정적으로 기여하기도 하지만 불안장애에 취약해질 수도 있다.

K씨가 바로 그랬다. K씨는 언제나 준비성이 있고 꼼꼼한 성격으로 빈틈없는 일 처리 덕분에 회사에서도 인정을 받고 있었다. 하지만 그런 성격 때문에 집에서는 아내와 늘 부딪치기 일쑤였다. 아내는 그와 반대로 조금은 충동적이고 모험을 즐기는 낙천적인 성격이었다. 아내는 새로운 것과 낯선 것을 찾고 즐기며high novelty seeking 위험을 회피하지 않는 기질low harm avoidance의 사

람인 것이다. 연애할 때는 자신에게 없는 아내의 성격이 부럽고 좋게만 느껴졌지만 함께 살다 보니 조심성 없이 덤벙대고 앞뒤 가리지 않는 충동적인 모습이 너무나 크게 보이기 시작했다.

이런 K씨의 기질은 유전적 요인을 많이 타고났기 때문이다. K씨가 동생에 비해 지나치게 병적인 불안에 사로잡힌 원인 중 하나로 이런 생물학적인 요인이 작용한다. 그러고 보면 걱정도 팔자라는 말이 일부 맞을 수 있겠다.

최근 뇌과학이 발달하면서 병적인 불안이 발생하는 과정에 노르에피네프린, 가바, 세로토닌 등 신경전달물질의 과다나 부족이 관여한다고 밝혀졌다. 뇌의 중심부에 있는 편도체는 두려움과 불안을 처리하는 기관으로 병적인 불안에서 그 기능이 저하되어 있다고 한다. 현대 정신의학에서 병적인 불안에 대한 약물치료는 이런 생물학적 원인론에 근거하고 있다.

🌿 병적 불안의 방아쇠, 스트레스

앞에서 걱정도 팔자라는 말이 전적으로 맞는 것이 아니라 '일부' 맞다고 했다. 이유인즉, 생물학적인 소인을 가지고 태어났다고 해서 100% 다 병으로 발병하는 것이 아니기 때문이다.

병적 불안을 발생시키는 다른 요인에는 스트레스가 있다. 연구에 따르면 공황장애 환자는 대조군에 비해 발병 수개월 전 스트레스로 가득한 생활사건을 경험하는 빈도가 높고 특히 상실의 빈도가 높았다고 한다. 1993년에 켄들러K. S Kendler가 발표한 1,018쌍의 여성 쌍생아 대상 연구에 의하면 부모와의 이별과 사망이 공황장애와 강하게 연관이 있었다. 특히 어머니와의 조기 이별이 공황장애와 깊은 관련이 있었다고 한다.

K씨의 경우 공황장애가 발생하기 6개월 전, 결혼 10년 만에 얻은 외동딸이 교통사고로 중환자실에 입원하는 사건이 발생했었다. 중환자실과 수술실 앞에서 하나뿐인 딸을 잃게 되는 것은 아닐까 걱정하며 여러 날 밤을 지샌 끝에 다행히 딸의 건강은 회복되었지만, 한숨 돌리게 된 순간 K씨에게 공황장애가 찾아왔다. 심한 스트레스를 받았다는 확인도장인 셈이다.

한데 이렇게 생각하면 K씨가 이번에 보인 갑작스런 불안증상은 K씨와 직접 연관이 있는 선행하는 심각한 스트레스 요인이 없었다는 점에서 의문점이 생긴다. 빚을 진 사람은 동생이고 정작 앓아누워야 할 사람은 K씨가 아니라 동생으로 보인다. 그럼 정말 K씨의 불안은 오직 타고난 팔자소관일까?

❧ 스트레스가 가지는 심리적 의미

일상생활에서 겪는 여러 가지 스트레스 사건 그 자체도 강도에 따라 불안이 생기는 데 영향을 주겠지만, 이 스트레스가 개인에게 주는 심리적인 의미가 무엇인지 알아보는 것도 불안의 발생을 이해하는 데 도움이 된다. 앞서 불안의 3가지 요소에 대한 이야기에서 언급했듯이 스트레스 상황에 대한 개인적인 의미와 해석이 불안을 증폭시키는 것이다.

K씨는 경제적으로 무능력한 아버지 때문에 학비를 혼자 벌어 동생들을 가르치고 결혼도 시키며 집안의 실질적인 가장 노릇을 해왔다. 독립을 했지만 K씨는 동생들을 돌보는 것이 장남이라면 당연히 해야 하는 역할이라고 생각하고 있었다. 부모님은 K씨를 듬직해하면서 의지하는 면이 있었지만, 어려서부터 몸이 약했던 동생은 늘 걱정하고 하고 싶은 대로 다 하도록 허용했다.

사업을 엉망으로 벌여놓고 빚까지 진 동생을 질책하기보다는 감씨는 부모를 보며 동생을 망친 것은 결국 부모의 그런 태도라는 생각이 들었다. 하지만 착한 아들인 K씨는 부모에게 뭐라고 할 수가 없었다. 대신 늘 해오던 대로 형이니까 동생을 위해 희생해야 한다는 책임감에 사로잡혔다.

K씨는 집을 팔아 동생의 빚을 일부 갚아주기로 마음먹었지만

아내와 딸이 반대했다. K씨도 결혼을 해서 독립을 했으니 동생보다는 자기 가족이 우선인 게 맞다는 생각이 들었다. 이러지도 저러지도 못하는 상황을 만들어버린 둘째 동생이 집에서 자고 간 뒤로 K씨의 불안이 통제할 수 없을 정도로 커진 것은 불안이 이러한 심리적 갈등의 결과라는 것을 시사한다.

K씨는 자신이 모든 것을 책임지고 해결해야 한다는 중압감과 그러한 자신의 노력에도 불구하고 동생과 자신의 인생이 빚에 눌려 형편없이 망가지게 될 것이라는 걱정에 심하게 불안해하고 초조해했지만, 부모님과 동생은 오히려 "너무 걱정하지 마라. 그동안 형으로서 동생들을 챙기느라 충분히 고생했으니 이제 그 짐을 내려놓고 건강이나 챙겨라."라며 K씨를 안심시켰다.

결국 부모님이 집을 팔아 동생을 도왔고 K씨는 부담을 덜게 되었다. 현재 동생은 다시 회사에 취직해서 일하며 착실히 남은 빚을 갚고 있다.

K씨의 사례는 앞서 이야기했던 불안의 3가지 요소 중에서 과도하게 부정적인 생각이 불안을 증폭시킨 결과라고 볼 수 있다. 모든 것을 자신이 해결해야 한다는 당위적인 생각과 결과를 파국적으로 해석하는 습관이 K씨의 불안을 병적 불안으로 발전시켰던 것이다.

🌱 신호 불안

치료를 시작하면서 심한 불안이 잦아들었지만, 이후에 K씨는 별것 아닌 상황에서 부하직원이나 아내에게 갑자기 화를 폭발시키는 자신에게 놀라게 되었다. 사실 K씨는 불안으로 분노를 억압하고 있었던 것이다. K씨는 자신이 사회적으로 성취를 하는 데 아무런 도움을 주지 못하고 장남의 의무만 지우고 지나치게 의지하는 부모에게 화가 나 있었다.

집안의 대소사를 챙기느라 늦게 결혼해 이제 자식을 키우는 데 온 힘을 쏟고 싶건만, 동생이 저지른 실수를 또 뒤치다꺼리해야만 할 것 같은 상황이 오자 동생에게도 화가 치밀어 올랐다. 아내와 딸이 동생을 도와주는 것을 반대하는 것이 이해도 가지만, 그렇다고 믿음직한 큰아들, 자상한 형이었던 그가 부모와 동생에게 화를 폭발시키며 형 노릇 못하겠다고 나 몰라라 돌아서는 것은 K씨로서는 상상도 할 수 없는 행동이었던 것이다. 이러한 심리적 갈등은 결국 불안으로 표현되었다.

프로이트는 불안을 자아^{ego}에 대해 무의식이 보내는 위험신호^{signal}로 보았다. 본능적인 소망이나 충동으로 이루어진 이드^{id}가 무의식에 존재하는데, 이것이 양심이나 자아이상을 반영하는 초자아^{super ego}에 의해 받아들여질 수 없고 처벌의 위험이 있을 때

심리적으로 갈등하면서 불안을 느끼게 된다. 자아는 이 신호에 반응해 받아들일 수 없는 생각이나 느낌이 의식에서는 인식되지 못하도록 억압한다. 이것이 효과적이지 못하면 전치, 상징화, 회피, 격리, 취소 등 다른 2차적인 방어기제가 동원되어 공포증이나 강박장애 등으로 증상이 나타난다고 주장했다. K씨에게 불안은 사랑하는 가족들을 향한 분노가 생겼다는 것을 용납할 수 없는 초자아가 갈등하면서 자아에게 보내온 경고 신호였던 셈이다.

❤️ 피하지 말고 즐기자

K씨처럼 불안이 심한 경우에는 정신건강의학과를 찾는 것이 가장 현명한 선택일 것이다. 하지만 우리가 일상에서 크고 작게 경험하는 불안은 대부분 K씨의 경우보다는 Y양의 경우에 조금 더 가까운 정도의 불안이다. 그리고 보통의 사람들은 K씨나 Y양 만큼 불안이 증폭되는 경험을 하기보다는 '막상 닥쳐 보니 별것 아니네.'라는 마음이 드는 경우가 많다. 그래서 정신건강의학과 의사들은 불안을 피하지 말고 맞서야 불안이 줄어든다고 충고한다.

발표를 망쳤다고 생각한 Y양이 또 다른 발표를 앞두고 너무 자신이 없어서 못하겠다고 다른 사람에게 떠넘겼다고 가정해보자. 당장 불안한 상황을 피하면 그 순간은 편하지만 자존심이 상할 것이다. 또 습관적으로 발표를 피하면 발표에 익숙해져가는 과정을 놓쳐서 발표 실력이 향상되지도 않고 자신감은 더 떨어질 것이다. 이렇게 되면 발표에 대한 불안은 피할수록 줄어들기 보다는 증폭될 수밖에 없다.

시험에 대한 불안이 심해 아예 손을 놓고 공부를 안 하는 학생 P군도 그랬다. P군은 시험기간이 되면 오히려 평소보다 더 많이 게임을 하거나 영화를 보는 것에 시간을 더 보냈다. 성적은 떨어졌고 자신감이 없어진 P군은 더욱 공부를 회피하면서 악순환에 빠졌다.

Y양과 P군의 공통된 실수는 불안을 유발시키는 상황을 피함으로써 스스로 불안을 증폭시킨 것이다.

불안을 증폭시키지 않으려면 불안하다는 것을 받아들이고 불안을 제대로 느껴보아야 한다. 발표하기 전에는 심하게 요동치던 심장이 막상 발표가 시작되고 집중을 하다 보면 처음보다는 조금 덜 떨리는 경험을 해보았을 것이다. 비록 발표를 잘하지 못했더라도 그것은 실패가 아니다. 걸음마를 시작할 때 넘어지고 깨지면서 배워서 달리게 되듯이 그 경험은 발표 실력이 더 나아지는 데 밑거름이 되는 것으로 보아야 한다.

불안에 압도되어 당황하고 피하기 급급하기보다는 예방주사로 생각하고 과감히 맞서서 그대로 느껴보자. "피할 수 없으면 즐겨라."라는 말처럼 불안을 경험해보자. 어느 순간 불안을 잘 다스릴 수 있을 것이다.

시기심과 질투, 상대를
인정하고 나를 넘어서자

✦ "아빠랑 결혼할 거야."

큰딸이 5세 무렵 엄마 옆에는 아빠가 있어서 좋겠다며 나를 부러워하더니 급기야 자기도 크면 엄마처럼 아빠와 결혼을 하겠다고 선언했다. 한동안 큰딸은 나를 라이벌 삼아 밥도 엄마보다 먼저 먹어야 하고 피아노도 엄마보다 잘 쳐야 한다며 아우성이었고 조금이라도 밀리면 아주 속상해했다. 그러다 유치원에 좋아하는 남자친구가 생기면서 아빠가 관심 밖으로 밀려나자 예전처럼 노골적으로 경쟁심을 표현하지는 않게 되었다. 나는 딸의 질투와 시기에서 자유로워져 편했지만 남편은 조금 서운한 눈치였다. 우리 부부에게 아빠에서 남친으로 변해가는 딸의 연애사(?)는 꽤 재미있는 이야깃거리였다. 이제 시크한 10대 소녀가 된 큰딸은 자기가 왜 그랬는지 모르겠다며 기억을 지우고 싶다고 웃는다. 아빠는 안중에도 없고 BTS에 빠져 있다.

아이들이 자라는 시기에 한번쯤 경험할 수 있는 이 에피소드를 프로이트는 오이디푸스 콤플렉스Oedipus complex로 설명했다. 오이디푸스 콤플렉스란 아이가 5~6세 무렵이 되면 이성의 부모에게는 애정을, 동성의 부모에게는 질투와 경쟁심을 가지게 되는 현상으로 엄마, 아빠, 아이 사이에 삼각관계가 생기는 것이다. 아이는 무의식적인 환상 속에서 동성의 부모를 무찌르고 이성의 부모를 차지할 수 있지만 현실에서는 용납되지 않는다. 이 과정에서 아이는 죄책감과 불안을 느끼고 이는 양심의 발달로 이어진다. 그리고 결국 아이가 느끼는 좌절과 분노는 동성의 부모에 대한 사랑과 동일시를 통해 극복된다고 한다.

여기에서 경험하는 강한 감정인 질투와 시기심에는 미묘한 차이가 있다. 질투가 삼각관계에서 자신이 더 사랑받지 못하는 것에 대해 불편한 감정이라면, 시기심은 삼각관계를 떠나 일대일 관계나 일대다 관계에서도 있을 수 있는 감정으로, 자신이 가지지 못한 것을 가진 사람에게 느끼는 불편한 감정이다. 생애 초기의 삼각관계에서는 질투와 시기심이 드라마틱하게 드러난다. 아빠를 두고 딸이 엄마를 질투하다가 엄마가 가진 능력(피아노도 잘 치고 그림도 잘 그리고 무엇이든 자신보다 더 잘하는 것 같은 엄마)을 시기하면서 경쟁심을 가지고 엄마처럼 되려고 노력하는 과정(동일시)이 펼쳐지는 것이다.

큰딸을 통해 일상에서 오이디푸스 콤플렉스를 확인하는 것은 학문적으로 배우거나 상담을 하면서 환자를 통해서 볼 때보다 훨씬 강렬하고 인상적인 일이었다. 질투와 시기심이 어떻게 생기고 건강하게 발전하는지 생생한 현장에서 지켜보면서 비로소 나는 첫사랑은 이루어지지 않는다는 말에 전적으로 동의하게 되었다.

🌿 병적인 삼각관계

아이들은 첫사랑에 실연을 당하고 성장해 자기 짝을 찾아 부모를 떠난다. 그런데 환자들 중에는 이 첫사랑에 미련을 두고 괴로워하는 사람들이 있다. C씨의 경우가 그랬다.

표면적으로 상담을 하러 온 이유는 대인관계의 어려움 때문이었지만 정작 C씨가 괴로웠던 이유는 다른 데 있었다. C씨 오빠는 결혼을 앞두고 있는데 올케언니 될 사람이 마음에 들지 않아 C씨가 결혼을 반대하고 있었다. 문제는 집안에서 유일하게 C씨만 오빠의 결혼에 반대한다는 것이었다. 처음에는 부모와 동생들도 C씨와 같은 편이었다. 이혼녀라는 이유 때문이었다. 하지만 오빠의 뜻이 완강했고 결국 오빠는 집을 나가 동거를 하기에 이르렀다.

몇 년간 큰아들과 연락을 끊고 지내던 부모는 아들이 아이까지 갖자 자식 이기는 부모 없다며 결혼을 허락했다. 동생들도 부모의 뜻을 따르기로 마음을 정했는데 C씨만은 그 여자가 괘씸하고 용서가 되지 않았다. C씨 입장에서는 이혼을 한 여자가 초혼인 남자를 붙잡고 늘어져 결혼하는 것을 도저히 용납할 수 없었다.

상견례 자리에서 C씨는 화난 얼굴을 감추느라 무진 애를 썼다고 한다. 오빠와의 사이도 이미 나빠져서 결혼을 하게 되면 자신이 집에 발길을 끊어야 하는 게 아닌가 생각될 정도였다. 부모와 동생들은 부모까지 찬성을 했는데 무슨 자격으로 결혼을 반대하느냐며 C씨를 몰아세웠다. 상담을 받아보라고 부모가 권유해서 오게 되었다며 C씨는 서럽게 울었다.

이야기를 더 들어보니 오빠가 연애를 시작하기 전에는 C씨와 오빠는 애인처럼 친한 사이였다. 주말마다 영화를 같이 보고 쇼핑도 하고 회식이 늦게 끝나면 오빠가 데리러 오는 등 유달리 친밀해서 주변에서 친오빠랑 사귀냐는 이야기를 할 정도였다. 오빠는 다정하고 배려심 많은 성격이 아빠와 비슷했다. C씨는 오빠랑 결혼하는 여자는 정말 행복할 거라는 생각을 늘 하고 있었다. 가족들도 이해 못하는 C씨의 서러운 눈물은 아마도 실연당한 여인의 눈물로 해석해야 할 듯했다.

오이디푸스 콤플렉스를 겪는 시기에 갈등이 건강하게 해결되지 못하면 C씨처럼 병적인 삼각관계로 발전해 고통스러워지기도 하고, 마마보이나 파파걸처럼 이성의 부모에게 지나치게 의존하게 되어 정작 자신의 새로운 사랑과 성숙한 관계를 맺지 못하는 경우도 생긴다.

🌱 피터 팬, 영원히 자라지 않는 아이

여러 가지 감정 중에서 질투와 시기심만큼 드라마나 영화의 단골 소재가 되는 감정이 있나 싶다. 아이가 태어나 어른으로 자라는 동안 가장 강렬하게 보편적으로 경험하는 감정이기에 그런 것 같다. 주인공 커플이 잘 이루어지는 행복한 결말을 바라면서도 그 옆에서 바라보는 아픔에 공감하는 것은 무의식에서 우리 모두가 첫사랑의 실패자이기 때문 아닐까?

앞서도 이야기했지만 이 첫사랑의 실패를 얼마나 잘 극복하느냐에 따라 성인기의 이성관계가 영향을 받는다. 어른으로 가는 이 관문을 통과하면서 결국 영원히 아이로 남기로 한 유명한 캐릭터가 있다. 바로 피터 팬이다. 많은 사람들이『피터 팬』을 어린이 동화로만 알고 있다. 하지만 어른이 읽으면 어릴 때 보지 못했던 함의를 이해하고 음미할 수 있는, 읽을수록 매력적인 소설이다.

소설에서 겉으로 드러나는 질투와 시기심의 주역은 팅커벨이지만 그 내면 심리를 따라갔을 때 피터 팬의 질투와 시기심도 결코 작지 않다. 엄마는 아이들이 돌아오기를 바라며 늘 창문을 열고 기다리고 있을 거라고 웬디가 말할 때 피터 팬은 닫힌 창문 안에서 다른 아기를 돌보며 웃고 있던 자신의 엄마를 떠올린다. 그 광경을 보고 느꼈을 분노와 슬픔을 안으로 숨긴 채 피터 팬은 잘난 체하고 건방지며 뭐든 자기 멋대로다. 엄마 역할을 하기 위해 온 웬디가 동화를 들려줄 때 다른 아이들은 모두 집중을 해도 피터 팬은 안 듣는 척 딴짓을 한다. 감기약을 챙겨주어도 자기는 건강해서 그런 건 필요 없다고 고집을 부린다. 웬디와의 이별에도 무심한 척 허세를 부린다. 피터 팬은 다른 아기를 돌보느라 자신을 잊어버린 엄마에게 커다란 양가감정(애증)을 가지고 있기에 청개구리처럼 행동하는 것이다.

피터 팬이 상상하는 엄마에는 작가인 제임스 배리James Barrie의 엄마가 투영되어 있다. 배리는 10형제 중 9째로 태어났는데 바로 위 형의 죽음으로 어머니가 우울증에 걸렸다. 배리는 형만을 생각하는 어머니를 위로하기 위해 오랫동안 죽은 형의 옷을 입고 형을 흉내 내며 살았다고 한다. 형이 죽은 이후로 키가 150cm에서 성장이 멈춰버린 배리 자신의 모습은 아마도 피터 팬에 투영되었을 것이다.

배리에게는 생애 초기 강력한 라이벌이 2명이나 있었던 셈이다. 아버지와 형이다. 아버지는 어른이기에 자신이 도저히 넘볼수 없는 존재였지만 형은 어쩌면 상대해볼 만했는지 모르겠다. 그런데 그 형이 12세에 죽어 어머니의 마음속에 영원히 아이로 살아남았다. 정작 살아 있는 자신은 어머니의 미소를 받을 수 없을 때 느끼는 질투와 시기심이란⋯ 아마도 그래서 작가는 피터 팬을 통해 형처럼 어른이 되지 않고 영원히 아이로 남고 싶었나 보다.

1904년 영국에서 동화극으로 처음 공연되었던 〈피터 팬〉에서 후크 역의 배우가 웬디 아빠의 역할을 맡아 1인 2역을 했고, 그 전통은 지금까지 영화나 뮤지컬에서 이어져오고 있다. 천방지축 장난꾸러기 피터 팬보다는 기품 있고 깍듯한 후크의 매너에 살짝 흔들리던 웬디는 어른이 되어 바라던 대로 엄마가 된다. 하지만 어른이 되려면 자신이 닮아야 하는 극 중의 유일한 남자인 어른 후크(웬디 아빠)를 죽이면서 피터 팬은 영원히 자라지 않는 아이로 살기로 한다.

피터 팬이 오이디푸스 콤플렉스를 잘 극복해 어른이 되었다면 100년이 넘도록 사랑받는 캐릭터가 될 수 있었을까 싶기도 하다. 강한 질투와 시기심의 에너지를 충만한 호기심과 모험심으로 승화시킨 피터 팬은 아마도 영원히 우리 마음속의 아이로 살아남을 것이다.

하지만 현실에서 피터 팬 같은 남자와 사귄다면 좀 골치 아플 것이다. 웬디가 후크에게 끌렸던 것도 이해가 간다. 마음속의 자라지 않는 아이는 사실 좀 키워주어야 삶이 편안해진다.

♥ 나르시스트의 시기심

심리발달 과정에서 아동기의 질투와 시기심은 성인이 되어서 여러 관계에서 반복될 수 있다. C씨처럼 초기 성년기에 부모를 떠나 새로운 사랑을 찾는 과정에서 나타나기도 하고 직장생활을 하면서 동료, 혹은 선후배 간의 경쟁에서 나타나기도 한다. 나이 들면서 마음속의 아이도 함께 자라준다면 좋으련만, 꼭 그렇지만은 않기에 부모가 되어서 자식에게 질투와 시기심을 느끼는 경우도 생긴다. 이런 경우 자신뿐만 아니라 아이까지 힘들어지므로 참 불행한 일이다.

우울증으로 오랫동안 상담을 받아온 Y부인이 바로 시기심 많은 엄마의 희생양이었다. 그녀의 엄마는 능력 있고 자신감 넘치는 사람으로 사업가로 성공을 했다. 다혈질에 자신만이 잘났고 남이 잘되는 꼴을 참지 못하는 성격이어서 사람들은 뒤에서 욕을 했다. 하지만 돈 때문에 덕을 보려고 Y부인의 엄마 앞에서는 모두들 쉬쉬하고 떠받드는 분위기였다. Y부인은 자라면서 한 번도 엄마의 칭찬을 받아본 기억이 없었다. "너는 엄마 없으면 아무것도 못한다." "네 까짓 게 뭘 안다고 덤비냐." "엄마가 하라는 대로 해라." 아이가 자라면서 좌충우돌하더라도 자신의 주장을 하고 자기 길을 갈 수 있도록 기회를 주고 지켜봐주어야 하는 게 건강한 부모 역할이다. 하지만 Y부인의 엄마는 자기 마음대로 자식을 휘두르고 복종시킬 때 만족해했다. 그리스 신화에서 나르키소스가 호수에 비친 자기 모습에 감탄을 했듯이 Y부인의 엄마에게 아이는 그저 자신의 우월함을 비추는 거울에 지나지 않았다.

자기과시적이고 다른 사람에게 공감하는 능력이 전혀 없으며 자기 욕구에만 충실한 성격으로 볼 때 Y부인의 엄마는 전형적인 나르시스트다. 나르시스트들은 세상에서 자신이 제일 잘난 사람이기에 그 환상을 깰 만한 사람, 자기에게 없는 무엇을 가진 사람에게 무의식적으로 강한 시기심을 느낀다. 결국은 상대를 망치고 흠집을 내고 싶어한다.

Y부인은 엄마가 자신의 행복을 시기하는 게 아닌가 하는 의문이 강하게 들 때가 많았다고 고백한다. 외손녀가 예술고등학교에 들어가 피아노 연주회를 한다고 전화를 드리면 돈이 있으면 뭔일을 못하겠느냐고 깎아내렸다. 외손녀를 미국으로 유학 보내겠다고 하면 감히 주제를 알아야지 꿈도 크다고 악담을 하는 식이다. 엄마가 그런 반응을 보일 때마다 Y부인은 아이들이 잘 자라주어 기뻤던 마음에 찬물을 쫙 뒤집어쓴 듯 심한 모멸감을 느끼곤했다.

나르시스트인 Y부인의 엄마는 Y부인이 남편과 금슬이 좋고 자식을 잘 키우자 딸에게 강한 시기심을 느낀 것 같다. Y부인의 엄마에게 Y부인은 더이상 엄마를 우러러보는 어린 딸이 아니라 자신보다 행복해 보이는 라이벌인 것이다. 게다가 늙어가는 자신보다 젊다! Y부인을 향한 그녀의 분노가 쏟아지자 Y부인은 우울증에 걸린 것이다.

❦ 건강한 경쟁심

질투와 시기심이 꼭 자신과 남을 해치는 쪽으로만 작용하는 것은 아니다. 건강하게 작용하면 자신을 한 단계 더 발전시키는 힘

116

이 되기도 한다. 세기의 라이벌인 스티브 잡스^{Steve Jobs}와 빌 게이츠^{Bill Gates}를 보자.

두 사람은 1955년생 동갑내기로 대학을 중퇴하고 20세 안팎의 어린 나이에 IT산업에 뛰어들어 PC^{personal computer, 개인용 컴퓨터}^{시대}를 열었다. 잡스는 최초의 PC인 애플을 출시한 데 이어 그래픽을 이용해 컴퓨터에 대한 전문 지식이 없더라도 쉽게 컴퓨터를 사용할 수 있도록 만든 매킨토시로 앞서 나갔다. 빌 게이츠의 마이크로소프트^{MS}사는 IBM과 연합해 PC시장에서 잡스와 맞붙었다. IBM이 과감하게 컴퓨터 아키텍처^{Architecture}를 공개해서 컴팩이나 델 등 다른 제조업체에서도 IBM-PC를 모방해 개인용 컴퓨터를 생산하게 되면서 컴퓨터가 대중화되자 그 안에 탑재된 운영체제를 개발한 빌 게이츠의 마이크로소프트는 승승장구했다. 반면 애플Ⅲ의 실패로 경영진과 불화가 생긴 잡스는 애플에서 쫓겨나게 된다. 1차전은 빌 게이츠의 승리.

하지만 잡스는 절치부심 끝에 애플로 복귀해 아이튠스, 아이팟, 아이폰, 아이패드에 이르기까지 혁신적인 제품들을 선보였다. 디자인과 일부 소프트웨어 개발을 제외한 개인용·사무용 컴퓨터 시장에서는 여전히 빌 게이츠의 MS윈도우 PC가 대세였지만 잡스는 스마트폰과 태블릿PC를 개발해 포스트-PC시대를 연 것이다.

잡스의 전기를 보면 저녁식사 자리에서 자신들이 혁신적인 태블릿PC 제품을 개발하고 있다며 끊임없이 자랑을 늘어놓은 마이크로소프트사 직원에게 분개해 '진짜 태블릿PC'가 어떤 것인지 보여주자며 아이패드를 만들었다는 일화가 소개된다. 두 사람은 공개 석상에서 서로 아이디어를 베꼈다고 비난하기도 했지만, 잡스가 죽었을 때 빌 게이츠는 그와 함께 일했었다는 것이 큰 영광이며 영원히 그리워할 것이라며 슬퍼했다.

IT산업에서 두 천재의 경쟁은 수십 년간 지속되면서 새로운 산업을 발전시킨 원동력이 되었다. 상대의 뛰어남을 인정하면서 동시에 그것을 넘어서기 위해 자신을 갈고닦아 서로에게 자극과 발전을 주는 경쟁의식은 시기와 질투심을 건강하게 승화시키는 방법일 것이다.

열등감, 내 모습을 있는 그대로 받아들이자

🌱 묻지 마 범죄의 심리

요즘 연일 텔레비전에서 묻지마 살인사건에 대한 뉴스가 나온다. 보통 살인사건은 피해자가 누군가에게 원한을 샀거나 갈등의 당사자들 사이에 우발적으로 벌어지는 경우가 많은데, 최근 벌어진 살인사건은 전혀 일면식도 없던 사람들이 예상치 못하고 당하게 된다는 점에서 뉴스를 들을 때마다 막연한 불안이 커지는 것 같다.

불특정 다수를 향한 범죄가 왜 늘어나는지에 대한 진단은 다양하다. 사회적 현상으로 보았을 때 이런 범죄를 가장 잘 설명하는 것은 '지나친 경쟁으로 공동체가 파괴되고 물질만능이 된 사회에서 일어나는 범죄'라는 진단이다.

미국의 범죄학자 셰이^{Hsieh}에 따르면 실업과 가난, 경제적 불평등 등이 불특정 다수를 향한 살인과 밀접한 관련이 있다고 한다. 즉 경쟁에서 낙오한 사람들이 느끼는 상대적 박탈감과 분노가 사회 전체에 대한 분노로 확대되어 나타나는 현상이라는 것이다. 범죄를 저지르는 사람의 심리로 보자면 사회에 대한 강한 분노가 공격적 행동으로 표현된 것인데, 그 분노의 바닥에 바로 열등감이 자리 잡고 있다.

열등감은 자신이 다른 사람에 비해 못났거나 뒤떨어졌다는 만성적인 의식이나 감정으로, 다양한 다른 감정을 복합적으로 불러일으킨다. 다른 사람들이 자신의 못난 점을 알아차리고 무시할까 봐 불안해하기도 하고, 자신감이 없고 무기력감에 빠져 우울해지기도 한다. 자신보다 낫다고 생각되는 사람을 시기하고 질투하기도 한다. 열등감이 피해의식과 결합되는 경우 느끼는 억울함과 분노는 '묻지마 살인'과 같은 파괴적인 결과를 가져오기도 하는 것이다.

🌱 열등감의 종결자, 히틀러

피해의식과 결합된 열등감이 가져온 비극을 세계적 인물에서 찾는다면 히틀러Adolf Hitler가 대표적일 것이다. 물론 묻지마 살인을 사회적 현상으로 해석할 수 있듯이 히틀러가 벌인 광기 어린 유대인 학살 범죄를 한 개인의 문제로만 축소시킬 수는 없겠지만, 『비트겐슈타인과 히틀러』라는 책을 보면 히틀러의 심리에 대한 재미있는 분석이 나온다.

책에서 저자는 히틀러가 가졌던 반유대주의 정서의 싹을 그의 초등학교 시절 같은 반 급우인 천재 철학자 비트겐슈타인Ludwig Wittgenstein과의 관계에서 찾는다. 두 사람은 오스트리아 린츠국립실업학교의 동급생으로 히틀러의 저서 『나의 투쟁』에서 언급한 그다지 신뢰가 가지 않는 유대인 소년이 바로 비트겐슈타인이라고 추정한다. 비트겐슈타인은 학창시절 말더듬이에 '당신, 그대'와 같은 격식 차린 표현을 쓰고 친구를 잘 사귀지 못하는 소위 '왕따'였다. 히틀러는 다른 급우들보다 훨씬 더 비트겐슈타인을 미워했는데 "이 더러운 유대인 놈아!"라고 대놓고 욕을 하기도 했다고 한다.

히틀러가 비트겐슈타인에게 느낀 감정은 열등감에서 생겨난 질투, 시기, 분노로 생각된다. 히틀러는 술꾼에 폭력을 휘두르는 아버지 밑에서 태어나 미술과 건축에 흥미를 가졌지만 가난 때문에 꿈을 펼칠 수 없었다. 이에 비해 비트겐슈타인은 오스트리아 철강 재벌 가문의 막내로 어머니는 피아니스트이자 예술 후원가였다. 요하네스 브람스Johannes Brahms가 집에서 사적인 연주회를 열고 구스타프 클림트Gustav Klimt가 누나의 초상화를 그리는 등 예술가들과 교류가 깊고 막대한 영향력을 행사했던 비트겐슈타인의 집안 배경에 히틀러가 열등감을 가졌다는 게 터무니없는 해석은 아닐 듯싶다.

히틀러는 유대인이 주식시장을 조작하고 예술을 상업화해서 타락시켰다고 비난했지만 이는 사실 재계를 주무르고 예술가들을 후원한 비트겐슈타인 가문을 향한 화살이었다. 히틀러는 후에 독일 제3제국의 총통이 되고 나서 린츠에 헤르만 괴링 제철소를 세워 비트겐슈타인 가문의 제철소를 흡수하고 유럽 전역에서 약탈한 예술품을 린츠의 아돌프 히틀러 박물관에 소장하도록 했다고 한다. 어린 시절 동급생과의 비교로 시작된 열등감에서 홀로코스트라는 광기 어린 비극이 초래되었다는 주장이 나름 설득력을 얻는 부분이다.

✿ 나와 너, 우리를 파괴하는 열등감

세계사적 인물 말고 우리 주위에서도 열등감으로 자신뿐만 아니라 가까운 사람을 괴롭히고 관계를 악화시키는 사람을 볼 수 있다. 자존심이 무척 세서 틀렸다는 것을 알면서도 들은 체 않고 인정하지 않는 사람, A씨의 남편이 그랬다.

A씨는 우울증으로 상담을 받으러 왔다. 경제적으로 부족함 없고 딸들도 잘 성장해 출가시켜 걱정 하나 없을 것 같은 A씨가 우울증에 빠진 이유는 열등감으로 인한 분노의 화살을 부인에게 돌리는 남편 때문이었다. A씨의 남편은 가난한 집에서 태어나 초등학교를 졸업한 뒤 무작정 상경해 인쇄소에서 일했다.

A씨는 아버지의 사업이 망하면서 형편이 어려워지자 고등학교 진학을 포기하고 남편이 일하던 인쇄소에서 경리를 보게 되었는데, 남편의 성실함 하나만 보고 연애해 결혼까지 하게 되었다. 남편은 특유의 근면함으로 관련 업계에서 자수성가해 공장을 차리고 돈도 잘 벌었다. 은행 대출로 인쇄기계를 수입해 사업을 확장하던 중 IMF가 터지면서 손해를 많이 보게 되었다. 사업 규모가 줄게 되자 남편의 자신감도 함께 줄어들었다.

A씨가 자신을 무시한다고 남편이 트집을 잡기 시작한 것은 그 무렵부터였다. 집 안 정돈 여부와 반찬 가짓수로 꼬투리를 잡으

면서 A씨에게 무성의하다며 짜증을 냈다. 급기야 A씨는 모든 집안일에 남편의 허락을 구해야 했다. 남편 회사의 경리를 도와주면서 A씨가 자금 운용과 관련해 의견을 내놓으면 남편은 들은 체도 않고 오히려 정반대로 행동했다. 사업 규모가 줄었지만 씀씀이를 줄이지 못한 채 사람들에게 술을 사며 허세를 부리고 정작 사소한 일로 부부싸움을 한 후에는 집에 돈 한 푼 가져다주지 않았다. 경기가 어려워 다들 힘들다는데 사업이 좀 어떠시냐는 대학 나온 손아래 동서의 말에 월급쟁이 주제에 사업하는 사람들 사정을 알기나 하겠느냐고 험담을 하다가 A씨와 싸움을 하기도 했다.

남들이 자신을 어떻게 평가하는지 늘 신경을 쓰는 남편은 밖에서는 호인으로 인기가 많았다. 하지만 집에서는 언제 어떻게 폭발할지 모르는 시한폭탄 같았다. A씨는 텔레비전을 보면서 사사건건 불만에 차 욕설을 해대고 작은 일에도 잘 삐져 집안을 냉랭하게 만드는 남편을 이해할 수 없었다. 남편의 심기를 살피느라 늘 노심초사하던 A씨는 딸들이 출가하자 이대로는 못살겠다고 남편에게 이혼을 요구하게 되었다.

🌿 자식에게 물려준 엄마의 열등감

열등감을 분노로 폭발시키는 사람이 있는가 하면 우울에 빠지는 사람도 있다. B씨는 삶에 회의감과 무기력감을 느끼며 생기를 잃고 진료실을 찾아왔다. B씨에게 인생의 목표는 아버지와 동생들을 넘어서는 사회적 성공이었다. 아버지는 중견기업의 사장이자 경제부처 고위관료까지 지낸 유능한 사람이었다. 동생들은 모두 S대 출신으로 의사, 교수 등 다들 사회에서 한자리 잡고 있었다. 장녀인 B씨는 대학을 졸업하고 유학을 다녀와 외국계 회사에 근무하는 중이다.

남들이 보기에는 B씨도 화려한 배경에 높은 연봉을 받는 소위 '엄친딸'이었지만, B씨는 아버지와 동생들이 가진 사회적 지위가 도저히 넘지 못할 벽처럼 느껴졌다. 승진을 못한 것도, 결혼을 한 동생들에 비해 미혼인 것도 다 자신의 학벌과 능력이 떨어지기 때문이라는 생각이 들었다.

B씨가 열등감을 가지게 된 배경에는 그녀의 어머니가 있었다. 고졸에 가난한 집 장녀였던 B씨의 어머니는 열등감이 많은 사람이었다. 아들을 낳지 못한다고 시집살이를 심하게 한 어머니는 딸들을 번듯하게 키우고 남편의 성공을 위해 헌신하고 내조하는 것으로 인정받으려 노력해왔다. 어머니는 장녀에다 조심성 많고

내향적인 B씨를 보면 마치 못난 자신을 보는 듯해 과도한 걱정을 했고 아버지를 닮아 외향적이고 활발한 동생들과 B씨를 자주 비교했다. 조급한 마음에 B씨가 하는 일을 자신이 대신해주고 사사건건 간섭하면서 자신이 의도한 성공의 길로 B씨를 몰아부쳤다.

어느 정도 사회적 성취를 거두었음에도 B씨는 그 성공을 자신이 이룬 게 아니라 어머니의 공이라고 여겼다. B씨는 어머니의 눈으로 자기 자신을 못나게 바라보며 늘 동생들과 자신을 비교하고 작은 실패에도 '나는 못났어.' '역시 뭘 해도 안 돼.'라는 생각으로 우울감에 빠져들었다.

거울에 비친 모습을 보고 자기 얼굴이 어떻게 생겼는지 알듯이 성장하는 아이들은 가장 중요한 관계인 엄마를 통해 자기 자신에 대한 상을 만들어간다. 어린 시절 실패를 경험했을 때 위로를 충분히 받았던 사람들은 긍정적인 자기상을 가지고 있으며 스스로를 위로할 수 있고 어려움을 이겨나갈 힘을 빨리 찾는다. 반면에 반복되는 엄마의 비난이 마음 깊이 박히면 B씨처럼 자기를 비난하고 스스로를 괴롭히며 열등감에 빠지는 것이다.

❧ 열등감 vs. 자존감, 마음에 달렸다

앞서도 살펴보았지만 열등감은 분노, 불안, 우울 등 다양한 부정적인 감정과 연결되고 자신뿐만 아니라 주변 사람을 괴롭게 만든다. 분노와 불안, 슬픔, 시기와 질투 등의 감정은 그 나름대로 존재 이유가 있지만 열등감은 인생에 그다지 도움이 되지 않는다. 열등감을 계속 가지고 살아갈 것인가, 아니면 자존감을 회복할 것인가? 그건 바로 당신의 마음에 달려 있다.

열등감으로 우울에 빠진 B씨가 느끼는 열등감의 근원은 학벌과 능력에 대한 것이었다. 열등감을 분노로 표출한 A씨 남편의 경우는 가난과 학벌, 집안이 그 원인이었다.

그런데 자세히 사례들을 보면 객관적인 조건보다는 자기를 스스로 어떻게 보느냐에 따른 주관적인 관점이 열등감의 핵심임을 알 수 있다. 가난한 집에서 초등학교밖에 나오지 못한 A씨의 남편이 보기에 재력가 집안에서 태어나 유학까지 다녀온 B씨가 느끼는 열등감은 터무니없는 것일 수 있다. A씨가 보기에 남편은 초등학교밖에 졸업하지 못했지만 자수성가해 사업을 이루고 자식도 잘 키웠으니 이만하면 성공한 인생인데 왜 그렇게 모든 일에 불만투성이인지 이해할 수 없는 상황이다.

외모, 학벌, 집안, 능력 등 열등감을 느끼게 하는 조건들을 계속 탓하기만 하면서 열등감에 머물러 있길 선택한다면 결국 자신에게 책임이 있다. 어린 시절 부모와의 관계가 열등감에 영향을 미치고 있다고 해도 계속 부모를 원망만 할 것이 아니라 그 영향에서 벗어나려는 노력을 해야 한다. 나 자신도 완벽한 사람이 아닌데 부모라고 완벽할 수 없는 것 아닌가?

❦ 있는 그대로의 나를 받아들이자

열등감에서 벗어나려면 우선 자신에게 어떤 열등감이 있는지 먼저 알아야 한다. 자신의 행동과 말이 열등감에서 나온 것임에도 잘 모르는 사람이 있다. 특히 자기애적 성격장애 환자들이 그렇다.

정신분석학에서 볼 때 세상에서 제일 잘난 것처럼 구는 자기애적 성격장애 환자들은 아이러니하게도 열등감이 심한 사람들이다. 병적으로 자기애가 강한 사람들은 다른 사람들을 잘 무시하고 돈과 권력지향적일 수 있는데, 사실 그 마음 밑바탕에는 약한 자신이 무시당하지 않기 위해서는 힘을 길러야 하고 그 힘을 휘둘러 자신이 강하다는 것을 확인하려는 무의식이 있다고 한다.

자신에게 열등감이 있다는 것을 알아차리지 못한다면 벗어나지도 못한다. 보통 열등감은 성장과정에서 반복되는 경험에 뿌리를 두고 있다. 이럴 때 마음속에 '자라지 않는 아이'가 하나 있다고 말한다. 관조와 성찰을 통해서 그 아이를 스스로 키워보자.

마음속의 아이를 성장시키는 데 가장 좋은 방법은 내 모습을 있는 그대로 받아들이는 것이다. 비난하지 말고 "그래도 괜찮아."라고 스스로 말해주자. 자기 비난은 열등감을 더 키울 뿐이다. 학벌, 재산, 외모, 능력 등 외적인 조건에 상관없이 무조건적으로 자신을 인정하고 수용하고 격려해보자.

주위에 그런 경험을 나누어줄 사람(배우자, 친구, 성직자, 정신 치료자 등)이 있다면 좋겠지만, 없다면 스스로 그런 경험을 만들자. 진정한 자기 위로가 스스로를 열등감에서 자유롭게 해줄 수 있을 것이다.

외로움, 누군가와
친밀해지고 싶은 마음

❦ 사랑에 능숙한 나이란 없다

우리 집 큰딸은 5세 때 아빠와 결혼하겠다는 용기 있는 고백을 한 이후로 다양한 남성편력(?)을 보여주며 한동안 우리 부부를 즐겁게 했다. 아빠를 포기한 뒤 호감을 가지게 된 첫 번째 남자는 유치원에 같이 다니는 한 살 많은 오빠였다. 그 아이는 우리 딸이 제일 좋아하는 똘똘이(딸이 동생처럼 여기며 늘 끼고 다니던 인형)의 안부를 물어봐주는 다정함이 있었다. 하지만 그 다정함이 우리 딸에게만 향한 것은 아닌 듯했다.

6세가 되자 역시 같은 유치원 샘물반의 동갑내기 친구로 영리하고 잘생겨서 유치원 여자아이들의 우상인 아이를 좋아하게 되었다. 안타깝게도 그 친구는 남자 형제가 많은 집에서 자라 남자와 노는 법을 잘 아는 활발한 여자애와 친하게 지내는 바람에 딸아이는 한동안 짝사랑으로 가슴앓이를 해야 했다.

7세에는 드디어 단짝 남자친구가 생겼다. 유머 있고 배려심 많은 남자아이로 섬세한 성격의 큰딸과 잘 맞는 부분이 있는 것 같았다. 크면 그 아이와 결혼할 거라고 이야기할 때 큰딸은 눈이 반짝였다. 유치원 선생님은 버스에서 내려 헤어질 때 둘이 무척이나 애틋하다고 귀띔해주었다. 한동안 좌충우돌했지만 단짝을 찾게 되어서 다행이다 싶었다. 남자친구뿐만 아니라 여자친구도 단짝이 생겼다. 함께 놀다가 삐지고 토라지는가 싶더니 금세 다시 화해하고 웃으며 놀았다.

아이들은 엄마, 아빠와의 관계에서 친구, 선생님으로 점차 관계가 넓어지고 사회 속에서 어울려 살아가는 방법을 배운다. 다른 사람과 어울리며 사랑과 우정을 나누는 것은 친밀함을 추구하는 것이다. 이러한 친밀함이 충족되지 못할 때 우리는 외로움을 느낀다.

어른이 되면 어릴 때보다 친밀함을 나누는 데 능숙해질 수 있을까? 사랑하는 마음을 주고받는 것은 7세 아이에게만 어려운 게 아니다. 이미 짝을 찾아 결혼을 했고 30세를 훌쩍 넘긴 어른이 되어서도 사랑하는 사람과 친밀함을 나누는 데 서투르고 외로운 사람들이 진료실을 찾아온다.

✿ 밀어내는 걸까, 멀어지는 걸까?

K씨는 결혼 7년차로 아기가 안 생겨 시험관 아기 시술을 준비 중이었다. 산부인과에서 검사한 결과 부부에게는 특별히 불임이 될 만한 원인을 찾을 수 없었고 스트레스가 원인일 수 있다는 이야기에 상담을 받으러 왔다. 겉보기에 K씨가 받는 스트레스는 회사 일이었지만 들여다보면 업무 자체 때문이라기보다는 대인관계의 어려움이 주된 문제였다. K씨는 중학교 때부터 늘 옆에 단짝 여자친구나 남자친구를 하나 두고 의지하는 편이었는데 관계가 오랫동안 이어지기보다는 학년이 바뀔 때마다 친구가 바뀌었다고 한다. 뭔가 채워지지 않는 마음의 외로움과 공허함, 불안은 언제나 따라다니는 일상이었다.

대학 졸업 후 처음 입사한 회사에서 사내 커플로 남편을 만나 1년여 연애 끝에 결혼을 했는데 그때부터 K씨는 많은 것을 남편에게 의지해왔다. K씨는 남편의 취향대로 옷을 입고 머리 모양을 바꾸는 등 남편의 말이라면 뭐든지 믿고 따랐다. 직장 동료인 남편이 업무와 관련된 대인관계를 처리해줄 때면 새삼 발이 넓은 남편이 부럽고 자랑스러웠다. K씨는 직접 사람을 상대할 때 울컥 짜증이 나는 경우가 많아서 얼굴을 보는 것보다는 메신저로 이야기하는 게 더 편했다.

K씨가 자신의 대인관계에 문제가 있다고 느끼게 된 것은 1년 전 남편이 조건이 좋은 다른 회사로 이직을 하면서부터였다. 입사 8년차지만 사적으로나 업무적으로 친하게 지내는 사람이 거의 없다는 것을 남편이 회사를 떠난 뒤에야 새삼 깨닫게 된 것이다. 갑자기 끈 떨어진 뒤웅박 신세가 된 듯 K씨는 자신이 외롭고 처량하게 느껴졌다. 이런 외로움을 보상받으려는 마음으로 남편에게 더 매달리게 되었다.

"몇 시에 들어오느냐?" "일찍 들어와라." 이렇게 간섭하고 잔소리하는 횟수가 많아지자 남편은 조금 성가신 눈치였다. 남편이 싫은 내색을 할 때면 K씨는 냉랭하게 자기를 밀어내는 것 같아서 서럽고 슬프다며 눈물을 흘렸다.

"남편이 K씨를 밀어내는 걸까요, K씨의 마음이 멀어지는 걸까요?"

내 질문에 K씨는 곰곰 생각하더니 말했다.

"남편이 1/3 밀어내면 저는 2/3 멀어지나 봐요."

정말 더 냉랭해지는 것은 남편이 아니라 K씨였던 것이다. 저 사람도 별수 없다며 실망하고 멀어지는 동시에 남편이 떠나가지 않도록 붙잡아두기 위한 선택이 임신이었다.

🌱 사랑의 호르몬, 옥시토신

K씨는 사실 아기를 낳고 싶다는 생각이 크지 않았기 때문에 자연 임신으로 아기가 생기지 않는 것에 대해 그다지 개의치 않고 있었다. 하지만 부부 사이 친밀감에 균열이 생기기 시작하자 결혼생활을 잘 유지하려면 아기가 필요하다는 결론에 이르러 산부인과를 찾은 것이다.

흥미롭게도 출산이나 모유수유를 할 때 분비되는 호르몬인 옥시토신oxytocin은 엄마와 아기 사이에 강한 애착을 형성시켜준다. 그뿐만 아니라 연인들 사이에서도 감정적인 유대감이 클수록 많이 분비되는 것으로 알려져 있다. 의도한 것은 아니겠지만 외롭고 쓸쓸한 마음을 치유하기 위해 강한 사랑의 호르몬이 자연스럽게 분비되는 상황인 임신과 출산을 그 해법으로 택한 건 생리학적으로 K씨에게 최선의 선택이었던 셈이다.

소화관에서 분해되기 때문에 주사제나 스프레이 형태로 제한적으로 사용되던 옥시토신을 2012년 초 미국의 한 연구소에서 알

약으로 개발해 FDA에 승인 요청을 했다고 발표했다. 옥시토신이 사회공포증이나 자폐증의 증상을 개선하는 데 효과가 있다는 연구결과들이 나오고 있어 경구용 제제가 시판된다면 그 유용성이 커질 것 같다. 홍보성 기사에서는 사랑, 유대, 신뢰, 관용 등과 같은 감정과 관련이 있는 이 호르몬이 사회 전체의 행복도를 높이는 데 기여할 것이라는 기대를 하기까지 한다.

부부싸움에 옥시토신이 어떤 영향을 미치는지 실험한 스위스 취리히대학의 연구를 보면 그런 기대가 완전히 허무맹랑한 것은 아니다. 20~50세 커플 47쌍을 대상으로 한 연구에서 옥시토신 스프레이를 뿌린 커플은 논쟁을 할 때 상대방의 말을 끊거나 비방하고 헐뜯는 부정적인 행동은 적고 대신 서로의 말을 경청하고 확인하거나 미소를 짓는 친밀한 몸짓을 하는 시간이 상대적으로 더 길었다고 한다.

K씨가 옥시토신을 복용한다면 남편과 싸울 때마다 느껴지는 외로움과 실망감에서 벗어나 부부 사이에 신뢰가 깊어지고 더욱 사랑하게 될까? 사실 의문이다.

2010년 11월 미국국립과학원Proceedings of the National Academy of Sciences회보 온라인 판에 따르면 어머니와의 관계를 안정적으로 인식하고 묘사한 남자는 옥시토신 수치가 올라간 후 어머니를 더 다정하게 묘사했지만 어머니와의 관계에 문제가 있는 것으로 묘사한 남자는 옥시토신을 흡입한 뒤 어머니를 더 무심한 사람으로 그려냈다고 한다.

옥시토신은 사회적인 기억을 형성하고 공고화하는 데 도움을 주는 호르몬이며, 이로 인해 기억체계를 활성화하면 좋은 방향이든 나쁜 방향이든 그 기억이 강해진다는 설명이다. 안타깝지만 K씨는 옥시토신을 먹어도 남편이 자신을 밀어낸다는 느낌을 강하게 받으며 더 외롭고 쓸쓸해질지도 모르겠다.

❦ 강아지가 필요해

사랑, 신뢰, 유대감을 높이는 옥시토신의 분비를 체내에서 평상시에 자연스럽게 늘리는 방법으로 애완동물 쓰다듬기, 눈 맞춤, 포옹, 마사지, 복식호흡 등이 추천된다. Y양은 K씨와 마찬가지로 의도하지 않았지만 옥시토신 분비를 늘리는 방법으로 자신의 외로움을 달래려고 한 것 같다. 아나운서 시험을 준비중이던 Y양은 강박증 때문에 상담하러 왔는데, 엄마의 반대에도 불구하고 강아지를 사려고 애를 쓰고 있었다.

Y양은 아나운서 시험에서 몇 년째 고배를 마시며 취직에 대한 걱정과 염려가 많고 불안해했는데 그런 마음을 나눌 사람이 없어

외로워했다. 그런데 정확하게 말하자면 마음을 나눌 사람이 없는 게 아니라 만들지 않는 거였다. Y양은 자신의 속내를 주위에 잘 드러내지 않아서 천하에 걱정 없는 낙천적인 사람으로 알려져 있었다. 자신의 내면과 정반대인 모습으로 사람들과 거리를 두고 있는 것이다.

"공부를 하다가 친구와 커피를 마시며 수다를 떨거나 남자친구를 만날 때, '내가 이래도 되나?' '이게 다 무슨 소용이야?' 하는 생각이 들어요. 아무도 내 마음을 몰라요."

늘 밝은 척, 좋은 척을 하니 주위에서는 Y양이 힘들다는 것을 알지 못했고 만남 뒤에 느끼는 공허감과 쓸쓸함이 더욱 클 수밖에 없었다. 친밀함을 느끼기 위한 만남이 제구실을 못하도록 만드는 것은 Y양 자신이었다. Y양은 안 좋은 이야기를 털어놓으면 듣는 사람이 너무 힘들고 지겨워져서 결국 자신을 떠나갈까 봐 두려워하고 있었다.

❧ 외로움에 스스로 갇히다

K씨와 Y양은 모두 스스로 외로움을 만든다는 점에서 공통점이 있다. 외로움의 성을 스스로 쌓고 친밀함을 방해하는 마음에 대해

K씨와 Y양을 통해 알아보자.

K씨는 늘 다른 사람의 생각에 잘 휘둘리고 따라 하는 경향이 있었다. 단적으로 결혼 후 K씨의 옷 입는 취향과 머리 모양은 모두 남편이 좋아하는 스타일로 바뀌었다. 남편과 말다툼을 할 때면 자기 의견이 없고 상대방 의견이 모두 맞는 것처럼 느껴져 말 한마디 못하고 구석에 몰리는 경우가 허다했다. K씨 자신의 표현에 의하면 "원래 귀가 얇다."고 하지만, 실은 자신과 상대방 사이의 경계가 확실하지 않아서 금방 상대방에게 물들어버리는 것이다.

K씨처럼 자기 주체성이 부족하면 상대방과 건강한 관계를 맺기가 힘들어진다. 상대와 적당한 거리가 존재하지 않고, 가까울 때는 자신이 없어지는 정도로 밀착되었다가 상처받고, 멀어질 때는 세상에 못 믿을 사람이 되는 식인 것이다.

마음이 양극단을 오가면서 행동이 변덕스럽게 보이기도 한다. 남편에게서 마음이 멀어지고 냉랭해지는 동시에 남편을 자기 옆에 계속 붙잡아두기 위해서는 아기를 가져야겠다고 결심한 K씨가 그랬다. 이런 사람들은 심하면 자신의 존재감이 사라지는 느낌을 받으며 불안과 허무감에 시달리기도 한다.

K씨가 외로움의 성을 쌓게 된 이유가 주체성의 부족 때문이었다면 Y양은 열등감이 문제였다. Y양은 아나운서 시험에 몇 년째

고배를 맛본 뒤 자신감이 많이 떨어졌고 남자친구에게도 면목이 없었다. 직업의 특성상 면접에 외모가 반영된다기에 눈에 성형수술을 받았는데, 그런데도 자꾸 낙방을 하자 '코를 고쳐야 하나, 턱을 깎아야 하나…' 하며 외모에 더욱 자신이 없어졌다.

불안하고 자신감이 없어질수록 Y양은 낙관과 허세라는 가면을 썼다. 자신의 본래 모습을 다른 사람이 알게 되면 비웃고 떠나버릴 것이라는 두려움에 쓴 가면이 Y양을 더 외롭게 만들고 만 것이다.

🌱 생애 첫 친밀함, 엄마

의식주가 모두 해결되더라도 친밀함을 느끼지 못하면 건강을 잃고 죽을 수도 있다. 애착이론을 주장한 존 보울비John Bowlby는 고아원이나 탁아소에서 자란 아이들이 유달리 병에 잘 걸리고 일찍 죽는 것을 발견했다.

당시는 전쟁으로 고아들이 많았는데 돌보는 사람에 비해 많은 아이들을 수용하는 열악한 환경이라 기본적인 의식주는 충족되더라도 아이가 울거나 웃을 때 빨리 반응해주고 옹알이를 받아주기는 힘들었다. 이런 환경에서 자란 아이들은 어른이 되어서 다른 사람과 친밀하고 지속적인 관계를 형성하는 데 어려움을 느끼는 등 정서적인 문제를 가지고 있다는 것을 발견하면서 존 보울비는 생애 초기에 경험하는 어머니와의 애착이 중요함을 주장했다.

K씨의 경우 어린 시절에 경제적인 어려움으로 엄마와 떨어지는 바람에 초등학교에 들어갈 때까지 할머니 집에 맡겨졌었다. 할머니는 대체로 말수가 적고 냉정했지만 화를 낼 때는 불같은 면이 있었다. K씨는 그때를 늘 어디 하나 마음 둘 곳 없이 불안하고 허전했던 것으로 기억하고 있었다.

친밀한 관계가 엄마에게서 시작된다면 이미 상처받고 어른이 되어버린 후에는 영영 관계를 회복할 수 없는 것일까? 미국 위스콘신대학 해리 할로우Harry Harlow 박사의 실험이 여기에 흥미로운 해답을 제시한다.

갓난 원숭이를 어미와 떼어내 혼자 살게 했더니 성장해서 무리에 끼지 못하고 어미가 되어서도 새끼를 돌보지 않는가 하면 자기 발을 물어뜯는 자해를 하는 등 이상행동을 보였다. 이런 격리 원숭이 우리에 치료자 원숭이를 넣어주자 조금씩 변화가 일어났다. 처음에는 매우 불안해하고 경계하던 격리 원숭이는 시간이 갈수록 치료자 원숭이의 접근을 받아들이고 같이 놀기 시작했다. 마침내 우리 안에서 정상 원숭이들과 무리 지어 놀게 되었고 더

이상 격리 원숭이를 구분해내지 못할 정도로 정상적인 행동을 하게 되었다고 한다.

🌱 친밀함을 회복하려면

사람도 마찬가지다. 친밀함을 나누는 능력은 처음부터 가지고 태어나는 기술이 아니므로 배워야 한다. 그 배움의 시작이 늦더라도 영영 배우지 못하는 것은 아니다.

다만 그 배움의 시작을 여는 열쇠는 자신에게 있다는 것을 깨닫는 것이 중요하다. 남편이 조금 밀어냈다고 더 멀리 달아나버리고는 남편만 탓하던 K씨가 스스로 마음이 멀어졌다는 것을 볼 수 있게 된 것처럼, Y양이 열등감 때문에 자기를 포장했지만 결국 아무도 진심을 알아주지 않는 결과를 스스로 가져왔다는 것을 보게 된 것처럼 말이다.

처음 경험한 관계의 상처가 너무 커서 스스로 마음의 문을 닫아버렸기에 아무도 가까이 올 수 없었다는 것을 깨닫고 그 문을 열어야 친밀함을 배울 수 있다. 문을 열어 사람들과 어울리다 보면 속상하고 자존심이 상할 때도 있다. 또다시 오해와 갈등이 생길지도 모른다. 하지만 상처받지 않기 위해 문을 닫으면 외로움만 남을 뿐, 친밀함을 나눌 기회도 사라진다. 외로움을 느낀다는 것은 그만큼 다른 사람과의 친밀함을 강하게 원한다는 것이다.

자신의 마음이 원하는 것에 귀를 기울이고 용기를 내보자. 나 스스로에게, 또 나를 도와줄 누군가(친구, 연인, 가족, 치료자 등)에게 솔직한 모습 그대로를 보여주는 용기를!

내 감정인데 내 마음대로 안 된다? 그동안 감정이 무엇인지 잘 알지 못했고 어떻게 대해야 하는지 미숙했으니 당연하다. 이제 감정에 대한 이해도가 높 아졌다면 대처법을 배워보자. 단, 처음부터 완벽하게 잘하려고 조급해지지 말자. 걸음마 하는 아기가 넘어지고 다치며 배우듯이 감정도 마찬가지다!

3부

감정, 이렇게 대하면 된다: 감정소화법

나를 관찰하는
자아의 힘을 기르자

🌿 사소한 오해가 부른 비극

"뭐가 뭔지 하나도 모르겠거든…. 어디서부터 잘못된 걸까?"

영화와 드라마에서 활약하고 있는 배우 이제훈이 신인 시절 처음으로 주목받게 된 영화라고 누군가 추천을 해서 영화 〈파수꾼〉을 보게 되었다. 글머리에 인용한 대사는 이제훈이 맡은 주인공 기태가 당혹과 충격 속에 어쩔 줄 모르며 내뱉는 말이다. 사소한 오해 끝에 비극으로 치닫는 사춘기 소년들의 모습을 사실적으로 섬세하게 묘사한 이 영화에서 너무나 안타까워 가슴이 먹먹해지는 장면이었다.

기태를 비롯한 등장인물들뿐만 아니라 관객도 마찬가지로 정확하게 어떤 일이 벌어진 것인지 확실히 모른 채 끝나는 불친절한 영화. 하지만 그래서 더욱 이야깃거리가 많아져 오래도록 기억에 남는지도 모르겠다.

　영화 속에서 "몰라."라는 대사가 여러 인물을 통해 반복되어 나온다. 어릴 때 엄마를 잃고 외롭게 성장해 따뜻한 사랑과 관심이 고픈 기태의 마음을 잘 모르는 친구들의 무심함을 드러내는 장치일 수 있지만, 정작 기태 자신도 자기 마음을 잘 모르기는 마찬가지였던 것 같다. 친구(희중)의 짝사랑을 이루어주기 위해 왜 자기가 애를 쓰는지, 친구의 오해를 풀기 위한 노력보다 왜 주먹이 먼저 나갔는지, 친구를 위해 가르쳐준다던 진실이 정말 친구를 위한 마음만으로 했던 것인지….

　"잘 모르겠어요."

　영화에서 여러 번 나오는 "모르겠다."라는 말을 상담실에서도 종종 듣는다. 육아와 업무를 병행하며 받는 스트레스가 심해 회사를 그만두고 싶다며 찾아온 Y씨도 "그때 마음이 어떠셨어요?" 하는 질문에 늘 "모르겠어요."라고 대답했다.

　"제가 원래 생각을 잘 하지 않아요. 그냥 지나가버려요. 생각하면 골치 아프고 신경이 쓰이니까 잊어버리는 편이에요."

　정말 Y씨는 자기가 상담을 받으러 온 진짜 이유도 잘 모르고 있었다. 표면적인 이유는 육아와 업무 스트레스였지만 상담을 하면서 남편과 사소한 말다툼을 할 때마다 자살을 생각하는 Y씨를 발견했다. 진심으로 Y씨를 힘들게 하는 것은 조금 무심한 남편과의 관계였다.

"잘 모르겠어요."라는 한마디를 하고 입을 다물고 마는 Y씨 때문에 상담 초기에는 침묵과 어색함으로 지지부진했지만 Y씨는 점차 솔직하게 자신의 마음과 마주하는 것에 익숙해졌다. 어떤 상황에서 어떤 생각이 들고 어떤 마음이 느껴졌는지 좀더 구체적으로 떠올려보도록 격려하다 보면 모호하던 것들이 명확해지고 새로운 의미를 알게 된다. 이런 상담기법을 명료화clarification라고 한다.

❖ 내 마음과 솔직히 마주하는 시간

Y씨와의 상담시간을 잠시 들여다보자.

"지난 시간에 남편이 찾아와서 치료경과에 대해서 물어보고 간 뒤 이상하게 한동안 괜히 불안했어요."

"남편이 보호자 상담을 하는 것에 대해서 어떻게 생각하셨는데요?"

"치료과정에 대해 모르는 게 있어 물어보러 온 거구나, 하는 생각이요."

"그런 생각과 불안 사이에 어떤 생각이 숨어 있었던 걸까요?"

치료 초기 같으면 Y씨는 "왜 그랬는지 저도 정말 모르겠어요." 라고 눈을 동그랗게 뜨고 무슨 말을 해야 할지 몰라 막막해했겠지만 우리는 6개월간 마음을 들여다보는 연습을 해왔다. 시간이 조금 걸렸지만 Y씨는 천천히 이야기를 꺼냈다.

"남편도 완벽한 사람이 아니구나, 하는 생각이요."

"완벽한 사람이 아니라면 어떤 게 떠오르나요?"

"나를 100% 책임져줄 수 없구나…. 지금 말하다 보니까 우리 부모님이 생각나네요. 아빠 사업이 부도가 나서 빚 때문에 두 분이 서류상 이혼을 하시고 결국 별거까지 하게 되고 식구들이 전부 뿔뿔이 흩어져 연락도 잘 안 하는 사이가 되었잖아요. 그때 생각이 나면서 '남편과도 그렇게 멀어질 수 있지 않을까?' '그럼 나와 아이는 뭘 먹고 살지?' 이런 생각을 하면서 불안해졌던 것 같아요."

🌱 관찰하는 자아의 힘

치료자는 상담을 하면서 무심코 지나쳤기에 그냥 모르겠다고 말하는 상황을 다시 한 번 자세히 들여다보도록 질문을 던진다. 무슨 생각을 했는지, 무엇이 연상되는지, 어떤 느낌이 드는지, 자신이 왜 그렇게 행동한 건지, 진정으로 원하는 것이 무엇이고 무엇이 싫은 것인지 묻는다. 이런 과정을 통해 Y씨는 자신을 관찰하는 자아Observing ego를 기를 수 있다.

자아는 인간의 마음이 '자아와 이드, 초자아'라는 3가지 구조로 되어 있다는 프로이트의 이론에서 나왔다. 이드는 즉각적이고 본능적인 욕구와 충동을 담당하는 부분이고, 부모에게서 형성된 사회적 가치와 기준, 도덕성, 양심 등을 대변하는 것이 초자아다. 이드와 초자아 사이에서 자아는 욕구를 현실적인 방법으로 충족시키기 위해 우리의 생각, 행동, 감정을 통제하고 타협하는 기능을 한다.

관찰하는 자아의 힘이 커지면 무심코 지나칠 때는 인지하지 못했던 자신의 숨은 생각, 감정, 소망 등을 알아차리게 되고 그것이 겉으로 드러나는 행동과 생각과 감정에 어떤 영향을 주는지 거리를 두고 관찰할 수 있게 된다. 그러면 늘 하던 대로와는 다르게 반응하고 행동할 수도 있게 된다.

Y씨에게 길러진 관찰하는 자아가 어떤 힘을 발휘할 수 있었는지 보자. 자신의 마음과 마주하는 연습을 한 Y씨는 최근 남편과 다투는 과정에서 눈물을 흘리거나 화를 터트리지 않고 하고 싶은 말을 할 수 있게 되었다. 저녁을 먹다가 대화 도중 화가 울컥 올라오면서 밥맛이 딱 떨어져 숟가락을 놓았던 상황을 또렷이 기억하며 인상적이었다고 했다.

"그때가 아직도 생생하게 기억이 나는데 참 이상했어요. 화는 나는데 제가 그러고 있는 모습을 관찰할 수 있었어요. 마치 남 일처럼 말이죠. 그러니까 뚜껑이 열리려고 했던 게 조금 가라앉더라고요."

이상적인 부모처럼 의지해오던 남편과 다투는 상황이 되면 Y씨는 늘 혼나는 어린아이가 된 듯 억울하고 화가 났다. 그래서 감정이 북받쳐 올라와 눈물을 흘리고 할 말을 제대로 못해 지나고 나면 더 분하고 약 오르는 마음이 되곤 했다. 그런데 자신을 관찰하는 힘이 생기자 해묵은 감정까지 올라오는 것을 조절할 수 있게 되었고, 그 상황에만 집중해서 감정을 다스릴 수 있게 된 것이다.

🌱 내 마음, 나부터 알아주자

사람은 살면서 먼저 말하지 않아도 상대방이 마음을 알아서 읽고 모든 걸 다 챙겨주는 경험을 한 번은 한다. 우는 게 의사표현의 전부인 아기일 때 말이다. 그때 아기에게 있어 엄마는 알아서 모든 걸 다 해주는 신과 같은 존재다.

말하지 않아도 누군가 속내를 척 알아주기를 바라는 것은 마음속의 자라지 않는 어린아이가 엄마에게 받았던 무한한 사랑에 계속 목말라하는 유아적 환상일 수 있다. 영화 속 기태의 마음이 그랬는지 모른다. 친구들이 마음을 알아주기를, 딱 한 사람만이라도 알아주기를 기태는 바랐을 것이다. 엄마가 너무 일찍 돌아가셨기에 그런 유아적 기대가 더욱 컸던 것 같다.

그런데 이건 영화 속 기태만의 문제가 아니라 지금도 계속 성장하고 있는 우리 모두의 문제다. 우리는 누구나 마음속 깊은 곳에 자라지 않는 아이 하나를 가지고 있을 수 있기 때문이다. 그 아이가 자랄 수 있는 기회를 주는 것, 그것은 결국 자기 마음에 솔직해지는 것이다.

그리고 그것은 거리를 두고 자신의 마음을 관찰하고 숨어 있는 생각, 감정, 소망을 알아차리는 것에서부터 시작한다. 거리 두기와 알아차리기로 관찰하는 자아의 힘을 기르려면 어떻게 해야 할까?

정서적 어려움이 매우 커서 대인관계와 사회생활에 지장을 받을 정도라면 상담을 해야겠지만 시간적·경제적 비용을 고려할 때 모든 사람들이 상담을 받을 필요는 없고 받을 수도 없다. 하지만 감정을 다스리는 문제는 일상에서 크든 작든 늘 부딪치는 것이니 상담처럼 생활 속에서 마음을 관찰하는 힘을 기를 수 있는 방법이 있다면 좋을 것이다.

대안으로 일기를 쓰는 방법이 효과적일 수 있다. 내가 상담하는 환자 중 한 분은 가끔 개인적인 이유로 상담을 빠지게 될 때 일기를 쓰거나 자기 생각을 적으며 깨닫게 된 것을 이야기한다. 생각을 말로 표현하거나(상담) 글로 표현하는 것(일기)은 모호한 것을 청각적·시각적으로 구체화하는 것이다. 구체화된 것이 주는 영향은 그냥 머릿속의 생각일 때보다 강렬하다.

상담을 하다 보면 환자들은 그냥 생각할 때와 달리 이야기를 하니까 생각지 못했던 것들이 더 떠오르기도 하고 정리가 된다고 자주 말한다. 말하는 것과 마찬가지로 글을 쓰는 것에도 같은 효과가 있다. 하루를 돌아보며 쓰는 일기는 생각과 느낌을 정리하는 기회를 줄 뿐만 아니라 쓸거리를 생각하다 보면 관찰력 또한 길러진다. 일기는 초등학생한테만 쓰라고 할 것이 아니다.

✦ 우리 모두에게 필요한 것

영화를 본 뒤 진한 안타까움에 말도 안 되는 상상을 해봤다. 기태가 마음을 관찰하는 자아를 조금 더 길렀다면 작은 오해가 비극을 부르지는 않았을 텐데…. 사실 그렇게 되었다면 긴 여운을 주고 생각할 거리를 던지는 영화가 될 수 없는데 말이다.

영화 속 주인공 기태뿐만 아니라 친구들도 어디서부터 시작된지도 모르는 오해를 한없이 부풀려간다. 기태와 여자친구 문제로 오해하기 시작해 비극의 출발점이 된 희중은 기태를 향한 질투와 분노를 침묵으로 삼키더니 전학을 가버리고 기태의 죽음도 동윤에게 넘기고 슬쩍 빠져나간다. 끝까지 회피로 일관하는 희중도 친구의 마음을 잘 모르고 솔직하지 못하기는 기태와 매한가지다.

동윤이 기태와 희중 사이에 벌어지는 미묘한 균열을 조금 알아차리긴 하지만 무엇인지 정확히 모른 채 기태의 불안하고 위태로운 마음 역시 안아주지 못한다. 하지만 아무도 동윤에게 친구의 마음을 알아주지 못했다는 질책을 쉽게 하지 못할 것 같다.

영화에서 오가는 미묘한 감정들로 인한 오해와 균열이 단지 사춘기 소년들만의 것일까?

과거에 누구나 겪었던 이야기이지만 지금도 여전히 성장하고 있는 우리 모두의 이야기이기에 오래도록 가슴에 여운이 남는다.

영화를 보는 관객의 입장에서는 영화 속 모든 인물들이 이해되고 안타깝듯이, 자신의 마음을 스스로 관찰하는 힘을 기를 때 자신의 마음도 이해되고 위로받을 수 있다. 그래야 다른 사람을 위로할 수 있는 여유도 길러진다. 그래서 자신을 관찰하는 힘을 기르는 것은 엄마를 일찍 잃은 기태뿐만 아니라 동윤이나 희중에게도, 우리 모두에게도 필요한 것이다.

감정, 솔직하고
건강하게 표현하자

🌱 건강한 감정 표현의 중요성

2019년 8월, 조국 민정수석이 사퇴하고 법무부 장관에 임명되는 과정에서 정치권의 갈등이 깊어지고 우리 사회의 공정성 문제로까지 확장되는 일련의 사태를 거치면서 정치 뉴스라면 별로 관심을 두지 않던 나도 인터넷에서 관련 소식을 찾아 볼 수밖에 없었다. 진료실에 들어오는 환자들이 하나같이 그 얘기를 하면서 다양한 감정을 토로했기에 먼저 상황을 명확하게 파악할 필요성을 느꼈기 때문이다.

그런데 뉴스들이 하나같이 자극적이고 출처가 불명확하거나 같은 사안에 대해서도 서로 다른 주장들이 난무하면서 상황파악이 명료해지기 보다는 혼란스러워졌다. 급기야 협의의 장인 국회가 마비되고 광화문과 서초동에서 길 하나를 사이에 두고 같은 이슈에 다른 주장을 하는 사람들이 서로를 비난하고 자신들만이 옳다고 우기는 극단으로 치달았다.

2개월 여간 나라를 들썩이며 모든 이슈를 집어삼키던 조국 사태는 결국 당사자가 법무부 장관을 사퇴하고 인사청문회 과정에서 제기된 여러 의혹의 관련자들이 검찰의 수사를 거쳐 차례로 기소되면서 마무리되어가는 중이다. 한편으로는 교육의 공정성, 검찰 개혁의 당위성, 민주화운동 세대의 기득권화 등 다양한 문제를 제기했다는 점에서는 끝이 아닌 이제부터 문제 해결의 시작이라고 해야 할 것도 같다.

감정에 관한 이야기를 하다가 왜 갑자기 시민운동가가 된 듯이 엉뚱한 화제를 꺼내나 싶기도 할 것이다. 정신건강의학적 관점에서 볼 때, 집단적인 감정과 생각의 역동은 개인적인 것들이 상징적으로 투사되는 경향이 있다는 점에서 사회적인 문제에 공분한 스스로를 돌아보고 성찰하는 것이 이 문제를 푸는 데 작은 도움이 된다고 생각한다. 생각이 다른 두 집단이 서로의 의견을 이해하고 존중하면서 적절하게 감정을 표현했다면 불필요한 에너지 소모 없이 문제 해결에 초점을 맞추고 공동체의 결속력을 더 강화시켰을 것이다.

개인의 생각과 감정을 건강하게 표현하는 것도 같은 방식으로 작동한다. 감정은 솔직하게 충분히 느끼고 소화할 기회를 주지 않은 채 꾹꾹 참거나 외면하면 결국 어떤 식으로든 그 모습을 드러내고 봐달라고 한다. 이런 감정을 건강하게 표현하는 방법에 대해서 알아보자.

❤ 사회문제로 모든 걸 돌려버린 S양

"선생님, 프로이트가 한 말은 다 맞는 거예요? 지금은 21세기인데 19세기에 태어난 사람이 한 말을 믿어야 되는 거냔 말이죠. 그 이론에 대한 반박과 공격도 많던데요?"

소위 '엄친딸'인 S양은 신자유주의에 대한 비판과 88만 원 세대의 비애를 토로하며 지금 이 시대에 프로이트가 가당키나 한 것이냐고 눈을 크게 뜨고 반문을 하곤 했다. 중학교 때부터 전교 수석을 놓치지 않았고 유명 사립대에 진학해 남들이 부러워하는 배경까지 다 갖추었지만 우울했던 S양. 진로에 대한 걱정, 아직도 어린애 취급하고 간섭하는 부모에 대한 불만, 외모에 대한 자신감 저하, 남자친구를 사귀면서 생기는 불안감 등 그 나이 또래 학생이 한번쯤 해봤을 만한 개인적인 고민을 이야기하면서 S양은 모든 원인을 부조리한 사회현상에서 찾았다.

남들처럼 영어 점수나 고시 등에 매달려 스펙을 쌓고 취업시장에 안정적으로 진출하자니 사회적 모순에 눈감은 채 속물이 되어버리는 것 같고, 단지 조금 통통할 뿐 작고 귀엽다는 소리를 듣는 외모가 스스로 마음에 차지 않는 것은 늘씬한 8등신에 조각 같은 미모를 잣대로 성적 대상으로만 여성을 평가하는 문화에 길들여진 탓이고…. 사실 S양의 이야기를 듣다 보면 똑 부러지는 말솜씨에 나도 모르게 고개를 끄덕이게 되기에 한동안 말려들지 않도록 바짝 긴장하곤 했다.

S양이 지적하는 사회적 모순, 다 옳은 말이다. 하지만 S양은 그것이 개인적인 경험과 엮어져 얼마나 다채롭게 변주를 하고 특별한 의미를 가지게 되는지 바라보기보다는 피하고 싶어하는 모습이 뚜렷했다. S양이 10세 때 교통사고로 세상을 먼저 떠난 언니에 대한 기억, 그 죽음 때문에 우울증에 걸려 S양에게 한동안 신경을 쓰지 못했던 엄마가 대학 간 딸의 귀가시간을 뒤늦게 염려하는 것에 대한 분노, 세상에서 제일 멋진 사람처럼 느껴졌던 아빠가 속세에 물든 초라한 남자로 보여서 드는 실망감…. S양이 사회적 모순에 화살을 돌리며 피하고 싶어했던 주제들이다.

왜 그 이야기를 피하고 싶어했을까? 아마도 고통스러웠기 때문일 것이다. 슬프고 화가 나고 죄책감도 들어서 마음을 아프게 하는 여러 감정들과 나름 거리를 둔다는 것이 바로 그 원인을 다른 대상에게로 전치해버리는 방식이었다. 전치는 S양이 구시대 인물이라고 평가절하했던 프로이트의 정신분석학에서 중요한 인간 심리의 방어기제 중 대표적인 것이다. 사람은 내면적인 갈등을 경험할 때 그것을 다루고 현실에 적응하기 위해 다양한 심리적 방어기제를 사용한다.

건강하지 못한 방어기제를 사용하는 경우 타협은 오래가지 못해 증상으로 나타나고 한 개인이 특징적인 방어기제를 지속적으로 사용하는 것이 결국 성격 특성을 결정한다. S양이 완전히 동의하지 않았지만 그녀의 마음은 이렇게 프로이트의 이론으로 설명할 수 있다.

🌱 고통을 피하면 더 아프다

S양과의 상담은 늘 사회문제에 대한 비판으로 시작했고 그 이야기가 끝나갈 무렵이면 좀더 개인적이고 내면적인 내용을 조금 꺼내다 말았다. 정작 하고 싶은 중요한 이야기지만 또 깊이 들여다보는 게 힘이 드니까 양가감정 때문에 마음이 타협을 한 것이

다. 상담시간마다 반복되는 패턴에 대해 이야기해주면서 S양이 그 주제를 피하고 있다는 사실을 바라보도록 도와주었다. 상담에서 이런 기법을 직면confrontation이라고 한다. 고통스럽지만 그것을 직면해야 그 고통이 줄어들 수 있다.

S양은 고통스러운 직면의 과정을 통해, 우울하다는 핑계로 폭식을 한 뒤에 엄마나 아빠에게 따뜻한 위로와 관심을 받고 싶어 했다는 것을 깨달았다. 부모와 떨어져 독립을 준비해야 한다는 두려움과 불안 때문에 퇴행된 행동을 하고 있었고 병으로 숨고 있었다는 것을 알아차렸다.

S양은 지금 장학금을 받으며 열심히 공부를 하고 있다. 엄마의 잔소리는 여전하고 아빠는 우상에서 멀어진 현실의 남자가 되었지만 더이상 우울하지는 않다.

❧ 가슴이 아픈 H씨

S양이 모든 원인을 사회문제로 돌렸다면 H씨는 모든 원인을 신체문제로 돌린 경우다. 왼쪽 가슴의 통증 때문에 심장내과를 방문했던 H씨는 내과 선생님의 권유로 정신건강의학과 상담을 받게 되었다.

심초음파와 운동부하검사 등 심장과 관련된 검사에서 아무런 이상을 발견할 수 없었지만 통증이 지속되어 H씨는 몹시 불안해하고 있었다. 건강에 이상이 생긴 것이 분명한데 혹시 검사가 정확하지 않아서 이상을 놓치고 있는 것이 아닌가 하는 염려가 컸다. 이미 여러 병원의 내과를 거쳐 아무 이상이 없다는 똑같은 말을 들은 터라 상담이 내키지 않았지만 마지못해 오게 되었다.

H씨의 증상은 3개월 전에 새로운 사업을 하면서부터 시작되었다. 기존에 하던 사업 이외에 다른 일을 시작하면서 스트레스가 심했다. 스트레스로 인한 신체증상으로 가슴통증이 나타날 수 있고, 정신건강의학과적 진단으로는 신체화 장애라고 볼 수 있다. 신체화 장애가 있는 경우 많은 사람들이 사실 그런 증상 뒤에 숨은 감정을 잘 알아차리지 못하거나 알더라도 대수롭지 않은 것으로 여기고 모든 것을 단지 신체증상으로만 설명하려는 경향을 보인다.

요새는 의학이 발달해서 좋은 약이 나와 있기 때문에 처방을 받으면 단기간에 증상이 호전될 수 있다. 하지만 표면적인 증상만 조절하는 것은 땜질 처방이다. 원인을 정확하게 알고 다루어야 증상이 반복되지 않을 수 있기 때문이다.

H씨에게 그저 약만 처방받고 닥터쇼핑을 멈추게 하는 것에서 더 나아가 마음을 들여다보는 상담을 권유한 이유는, H씨가 비록

억압하고 있었지만 연상을 하는 경우 내면의 감정이나 충동, 갈등에 대해서 이야기할 수 있는 능력psychological mindedness이 잠재하고 있었기 때문이다. 초연하고 무심하게 이야기하지만 울듯 말듯 일그러지는 그의 표정에서 감정이 어떤 식으로든 출구를 찾고 있는 것이 보였다.

🌱 억압된 분노

기존의 사업이 잘되어서 경제적으로 여유로운 H씨가 직업을 하나 더 갖게 된 이유는 고등학교 시절로 거슬러 올라간다. H씨의 아버지는 부모님께 물려받은 유산으로 사업을 크게 했는데 동업자에게 배신을 당해 갑자기 파산하게 되었다. 하루아침에 셋방살이에 도시락도 싸가지 못하고 당장의 등록금 걱정을 하게 된 H씨는 성공을 해서 집을 다시 일으키겠다는 목표를 세우게 되었다. 이를 악물고 공부해서 유명 대학에 들어갔고 대기업에 입사해 경력을 쌓은 다음 과감히 사표를 던지고 나와 자기 사업을 시작해서 기반을 튼튼히 잡았다.

하지만 현재에 만족하지 못하고 더 많은 경제적 여유를 목표로 지칠 때까지 자신을 몰아세우기를 반복해온 H씨에게 가슴 통증이 한동안 있다 사라지기를 반복한 게 벌써 수차례였다. 그런데 그 통증이 있었던 시기를 잘 살펴보니 가족갈등과 그로 인한 화와 억울함이 상당하던 때였다. H씨는 '가족이니까 어쩌겠어…. 내가 해야지….'라는 마음으로 꾹꾹 참다가 증상이 심해지면 모든 걸 접고 회복될 때까지 휴식을 취하곤 했었다.

H씨가 억압했던 화는 아버지와 아내를 향한 것이었다. H씨의 아버지는 사업에 실패한 이후로 직업을 가진 적이 없었고 자신의 건강만을 돌보며 아내와 아들이 벌어다 주는 돈으로 인생을 즐기고 있었다. 가부장적인 아버지에게 한 번도 "아니오."라는 말을 해본 적이 없는 착한 아들 H씨는 사소한 집안일에도 오라 가라 시키는 아버지가 자신을 도와주지는 못할망정 방해나 말았으면 좋겠다고 했다.

어머니를 고생시킨 아버지와 달리 '멋지고 능력 있는 남자'가 되는 것이 꿈이었던 H씨. 그래서 그는 아내가 회계 공부, 변호사 공부 등을 해보겠다고 했을 때 가정경제는 물론 육아까지 책임지는 슈퍼맨 역할을 충실히 해냈다.

육아와 살림보다는 자기계발을 하고 싶어하는 아내의 공부가 성과 없이 시간만 허비하기를 반복하면서 H씨는 지쳐갔다. 아침밥을 먹지 못하는 것은 기본이고 일에 치여 집에 왔을 때 아내가 당연하다는 듯이 맡기는 육아와 집안일에 짜증이 차올랐지만 참을 수 있으면 참아보자고 버텼다. 그러다 결국 몸이 파업을 한 셈이었다.

상담을 하다 보면 억눌렸던 감정이 한순간 터져나오며 하염없이 눈물을 흘리는 경우를 보게 된다. 가족 간의 갈등이야 누군들 없겠느냐며 대수롭지 않은 듯했던 H씨도 어느 날 울컥 눈물을 보이고 한동안 고개를 들지 못했다. H씨는 책상에 있던 화장지의 용도를 그제야 알겠다고 했다.

이렇게 감정을 억압하는 사람들에게 감정의 항아리 이야기를 들려준다. 우리의 마음속에는 감정의 항아리가 있는데 그 항아리에는 배수구가 있어서 잘 흘려보내야 한다. 그런데 그 배수구가 막히면 감정은 차곡차곡 쌓이고 안에서 썩어서 결국은 흘러넘치게 되는 것이다. S양과 H씨는 모두 애써 감정을 피하고 참았지만 결국 마음과 몸의 병이 더욱 깊어졌다.

건강한 민주사회에 언론의 자유가 있는 것처럼 마음 건강을 위해서 우리는 감정에 표현의 자유를 주어야 한다. 억누르거나 피한다고 없어지는 것이 아니다.

🌿 건강한 감정 표현법: 자기주장 훈련

"화가 날 때 그냥 막 화를 내면 되는 건가요?"

감정을 억누르지 않고 표현하는 게 좋다는 말에 가끔 환자들이 묻는다.

사회적으로 언론과 표현의 자유가 있더라도 청소년 이용 규정이나 집회와 시위에 관한 법률이 있는 것처럼 감정도 마찬가지다. 감정을 솔직하게 표현하는 것이 좋지만 건강한 방법으로 해야 한다.

건강한 감정 표현은 어떻게 하는 것일까? 감정을 잘 표현하지 않고 참는 사람은 자신의 감정과 생각을 빙빙 돌려서 말하거나 이심전심으로 상대방이 알아주기만을 바란다. 이것은 수동적인 대화 유형으로 H씨가 쓰는 방법이다. 다른 사람의 생각에 잘 맞추어주어서 좋은 사람이라는 소리를 들을지 모르지만 남들의 의견에 휘둘리면서 후회와 분노가 쌓이기 쉽다. 반대로 공격적인 대화 유형은 상대방의 감정을 무시하고 일방적으로 자신의 감정과 생각만 강조하는 경우로 결국 큰소리로 싸우게 될 수 있다. S양은 이런 식으로 부모를 비난해서 갈등을 빚고 있었다. 수동적인 유형과 공격적인 유형은 모두 효과적이지 못한 감정 표현법이다.

가장 효과적인 대화법으로 자기주장 유형이 제안된다. 이는 상대방의 감정을 해치거나 비난하지 않으면서 자신의 감정이나 생각을 정확하게 표현하는 대화법이다. 이런 대화를 시작하기 위해서는 먼저 특정한 상황에서 자신이 느끼는 감정과 생각, 권리, 바람 등을 잘 파악해야 한다. 앞서 설명한 관찰하는 자아가 작용해야 하는 것이다. 그리고 자신이 상대방에게 전달하고자 하는 핵심 내용과 상황을 어떤 식으로 변화시키고 싶은지 등 목표를 정해 문제 상황을 구체적이고 상세하게 표현하고 자신의 감정을 설명한다. 이렇게 자기주장 훈련에서 감정을 표현할 때 중요한 법칙이 3가지 있다.

첫째, 감정 표현을 의견처럼 말하지 않는 것이다. "나는 공포영화가 싫은 것 같아."라는 표현보다는 "나는 공포영화가 싫어."라는 표현이 좀더 명확하게 자신의 감정을 잘 표현하는 방법이다. 둘째, 감정을 표현할 때는 "나는"이라는 말을 사용한다. "너는"이라는 말을 사용해서 감정을 표현하게 되면 상대방을 비난하게 된다. 셋째, "나는"이라는 말을 상대방의 특정 행동에 연결시켜 감정을 표현한다.

둘째와 셋째 방법으로 감정을 표현하는 경우, 예를 들면 "넌, 정말 무심해. 내가 얼마나 서운했는지 알기나 해?"라는 말을 "네가 데이트 약속을 취소했을 때 난 서운했어."라고 바꾸어볼 수 있다.

이런 감정 표현과 함께, 원하는 것이 있다면 이해하기 쉬운 짧은 문장으로 명확하게 표현한다. 알아서 헤아려주기를 바라거나 감정적으로 격한 표현을 하는 것은 금물이다. 그냥 자신의 생각을 간단히 이야기하면 된다. "넌 꼭 공포영화만 골라 보더라."가 아니라 "오늘은 꼭 멜로영화를 보고 싶어."라고 표현하는 식이다.

🌱 비폭력 대화

자기주장 훈련과 비슷한 방법으로 『비폭력 대화』의 저자 마셜 로젠버그Marshall Rosenberg가 제안하는 비폭력 대화 방법도 있다. 비폭력 대화의 핵심 요소는 관찰observation, 느낌feeling, 필요·욕구need, 요청·부탁request이다. 행동과 상황을 관찰하고, 그때 드는 느낌과 그 느낌이 드는 이유(욕구)를 파악해 원하는 것을 부탁하는 것이다.

S양의 경우처럼 엄마가 밤 12시로 귀가시간을 정해놓고 매번 휴대전화로 확인 전화를 해서 빨리 들어오라고 재촉하는 상황을 가정해보자. S양은 "엄마처럼 전화를 해대는 엄마도 없어! 나를 못 믿는 거야?"라고 비난을 했다. 엄마는 "내가 널 못 믿어서 그러겠니? 세상이 험한데 일찍일찍 들어오면 내가 그렇게 전화할 일

도 없을 거 아냐?"라고 맞받아치고 둘의 대화는 냉랭하게 끝나곤 했다. 이런 상황에서 비폭력 대화를 적용해보면 S양은 엄마에게 이렇게 이야기할 수 있다.

"엄마가 몇 번이고 전화를 해서 빨리 들어오라고 재촉할 때(관찰) 나는 화가 났어(느낌). 엄마랑 약속을 했으니까 나를 믿고 기다려주기를 기대했거든(욕구). 전화로 확인하는 것은 한 번만 했으면 좋겠어(부탁)."

S양의 엄마도 같은 방식으로 자신의 마음을 전달할 수 있다.

"네가 밤 11시 30분이 되었는데도 연락이 없어서(관찰) 걱정이 되었어(느낌). 사고 없이 안전하게 귀가하기를 바라니까(욕구). 늦을 것 같으면 오늘은 몇 시까지 들어가겠다고 미리 전화해주면 좋겠어(부탁)."

솔직하고 건강하게 감정을 표현하자고 하면서 '나는 어떤가?' 다시 한 번 돌아보게 된다. 두 아이를 키우면서 감정이 울컥 올라오는 때마다 매번 느끼는 것이지만 이론적으로 알고 있는 것을 실천하기는 정말 쉽지 않다. '진료실을 벗어나면 가운을 벗고 보통 엄마가 되는 거지 뭐.'라고 합리화하기도 한다. 완벽한 엄마perfect mother가 아니라 그냥 충분히 좋은 엄마good enough mother가 되면 된다는 마음으로 오늘도 실수를 하지만 환자들을 진료하면서 나도 배우고 있다.

감정은 생각하기 나름,
인지 왜곡에서 벗어나자

🌱 안타까운 죽음

"남자는 여자 하기 나름이에요."

예전 모 광고에 혜성같이 등장했던 고 최진실 씨가 한 말이다. 이혼 등 개인적인 부침이 있었지만 언제나 밝고 귀여운 미소로 대중을 사로잡던 최진실 씨가 자살했다는 인터넷 뉴스를 보고 '설마 그럴 리가.' 하며 믿을 수 없을 만큼 충격을 받았던 게 기억이 난다. 그녀는 왜 죽었을까? 많은 사람들이 안타까운 질문을 던졌었다.

심리학적 원인으로 볼 때 자살을 실행에 옮기는 사람들은 사랑하는 대상을 상실하고 고통을 당하고 있는 사람이거나 자기애적 손상을 받은 사람이거나 지나친 분노나 죄책감에 사로잡혀 있는 사람들이다. 자살을 하려는 사람들의 상상, 즉 '자신이 죽으면 어떤 일이 일어나고 그 결과는 어떻게 될까.' 하는 상상을 통해서 자살의 심리적 이유를 이해할 수도 있다. 그런 상상 중에는 복수, 지배, 징벌, 용서, 회복, 탈출, 수면, 구원, 새로운 삶과 같은 소원들이 있다.

정신 건강 측면에서 보자면 우울증이 있거나 알코올의존증, 조현병 등이 자살의 주요 원인이며 자살을 기도한 우울증 환자에게서 세로토닌의 결핍을 발견할 수 있다고 한다. 세로토닌 체계의 결핍과 충동 조절을 잘 못하는 것이 관련이 있다고 여러 연구에서 알려져 있고, 자살을 충동적 행동의 한 형태로 보기도 한다.

아마 고 최진실 씨의 자살도 이런 다양한 원인의 어떤 조합으로 이해할 수 있을 것 같다. 그녀를 단번에 대중들에게 각인시킨 유명한 광고카피를 제목에 인용한 이유는 부정적인 감정을 다루는 방법 중 하나인 인지치료가 무엇인가를 가장 명쾌하게 설명하기 때문이다.

❧ 인지치료의 핵심 원리: 감정은 생각하기 나름

인지치료는 미국의 정신과 의사 아론 벡Aaron Beck에 의해 개발되었다. 인지치료는 우울증과 공황장애, 강박장애 등의 치료에 활용되고 있는 대표적인 비약물적 치료법으로 생각(인지)을 바꿈으로써 감정과 행동이 바뀌고 병적인 증상을 해결하는 치료법이다.

아론 벡의 이론에 따르면 인간은 사건(혹은 사물)을 지각하고 경험할 때 마음속으로 해석을 하고 거기에 의미를 부여하는데, 이런 인지적 평가에 의해서 정서와 행동은 많은 영향을 받는다. 아론 벡은 정상적인 심리과정이 과장되어 병적으로 변하게 된 원인에는 왜곡된 인지구조가 배후에 있다고 보았고, 이것의 내용을 바꿈으로써 감정 상태와 행동패턴이 달라진다고 했다.

아론 벡 자신이 어릴 때 사고로 죽음의 고비를 넘으면서 불안과 공포를 가지게 되었고, 어머니가 우울증을 앓았던 가족력이 아마도 환자를 이해하고 정신의학사에 획을 긋는 자신만의 이론과 치료법을 개발하게 한 원동력이 된 것 같다.

❧ 사막을 건너는 두 사람

생각이 감정과 신체 반응, 행동에 어떻게 영향을 주는지 예를 들어서 살펴보자. 불안하고 울적하고 화가 나서 진료실을 찾는 환자들에게 설명해주는 에피소드가 있다. 너무 진부할지 모르겠지만 이보다 더 극적인 예를 찾지 못하겠다.

사막을 건너는 A와 B의 이야기다. 둘 다 물 한 병만 가지고 사막을 건너가는데, 목적지 중간쯤 다다랐을 때 두 사람 모두 물이 병의 반 정도 남게 되었다. A는 '물이 반밖에 남지 않았네.'라고 생각한다. 이 생각 뒤에는 '이러다 사막을 건너기도 전에 물을 다 마셔버리면 어쩌지?'라는 걱정과 염려가 뒤따르게 된다. 마음은 불안해지고 몸은 감정에 반응해 심장박동이 빨라지며 혈압은 오르고 식은땀이 흐르며 목이 더 타게 된다. 입이 바짝바짝 타서 물을 더 마시게 되면 결국 A는 자기 생각대로 사막을 다 건너기도 전에 물이 바닥난다. 반면에 B는 '물이 아직 반이나 남았네.'라고 생각한다. 똑같은 상황이지만 마음은 A에 비해 한결 여유가 있고 목이 더 마르지도 않다. 자기 페이스를 잘 유지해서 사막을 무사히 건널 수 있다.

어떤 상황이든 생각은 감정을 불러일으키고 감정에 따라 신체가 반응하게 되고 행동도 영향을 받는다. 이때 인지 왜곡이란 일반적으로 객관적 입증이 되지 않은 편향된 관점을 말하며 대개 부정적이다. 주관적인 경험의 영향 때문에 사람들의 인지는 대부분 편향되어 있다. 이러한 오류들이 지나치거나 부적절하게 작용되면 문제를 일으키는 것이다. 부정적인 생각은 부정적인 감정, 신체 반응, 그것을 나름대로 해결하거나 피하기 위한 행동과 늘 연결이 되어 있고, 이런 연쇄 반응은 처음에는 아주 작은 차이일지 몰라도 누적되어 쌓이게 되면 사막을 물 한 병 가지고 건널 때와 같이 생사를 결정짓는 결과가 되기도 한다.

고 최진실 씨의 경우도 왜곡된 인지에 따른 부정적인 감정과 행동의 결과로 이해할 수 있을 것이다. 자살하려는 사람들은 문제해결 능력의 감소, 인지적 경직성, 행동의 결과를 예측하는 능력의 감퇴와 같은 인지적 결손을 보인다고 보고되었다. 인지적 경직성이란 융통성 없고 미숙한 생각으로 상황을 단순하고 전체적으로만 보며 비판적·극단적·고정적·절망적으로 보는 경향을 말한다.

"아무도 나를 좋아하지 않아.""세상은 끔찍한 곳이야.""앞으로도 전혀 나아지지 않을 거야.""아무런 희망이 없어." 이러한 부정적 인지를 찾아내고 이를 대체할 수 있는 융통성 있는 사고체계를 발달시킬 수 있도록 돕는 것이 인지치료다.

🌿 "나는 내가 싫어요!"

인지 왜곡 중 흔한 주제가 자신에 대한 평가다. 친구들에게 왕따를 당한 뒤 우울증이 온 고등학생 K양이 그랬다. 첫 상담시간에 K양은 이렇게 말했다.

"나는 내가 싫어요. 친구들이 나에게 뭐라고 할 때 말 한마디 못하고 있었던 것도 싫고 공부를 잘하는 게 학생으로서 내가 할 일이고 중요하다는 걸 알면서도 열심히 안 하는 것도 싫고…."

사실 K양은 늘 전교 1등을 놓치지 않는 모범생이었다. 우울증으로 성적이 조금 떨어지긴 했지만 여전히 1등급이었다. 가정환경을 생각하면 K양의 학업적 성취는 대단한 것이었다. K양이 6세 때 아빠의 사업 실패로 부모가 이혼을 했고 K양은 엄마와 함께 살았다. 이혼 후 회사일과 육아를 병행하며 심신이 힘들었던 엄마는 K양에게 늘 매정하고 가혹했다. 엄마에게 절대복종하기를 기대하면서 잘못하면 무능력한 아빠에게 보내버리겠다는 위협을 했고 학교에 가서는 1등이 될 것을 강요했다. 기질적으로 조심성이 많고 예민한 편이었던 K양은 엄마의 기대를 저버리지 않았다. 하지만 엄마의 눈치를 보며 엄마를 즐겁게 해주기 위해 노력하던 마음속의 어린아이는 K양이 다른 사람을 만나도 지나치게 신경 쓰고 배려하도록 만들었다.

고등학교에 진학한 뒤로 공부를 잘하는 K양을 질투하고 시기하는 친구들이 몇 명 생겼는데 K양은 이것이 견딜 수 없이 괴로웠다. 그저 몇 명이 사소한 이유로 자신을 험담한 말을 주워듣고 우울해진 K양은 성적이 떨어지면서 상담을 받으러 온 것이다.

우울한 사람들은 그렇지 않은 사람들에 비해 자신을 더 많이 비난한다. 지나치게 높은 목표나 기준을 설정한 다음 그에 미치지 못하는 것을 한 번의 작은 실패로 인식하기보다는 자신에게 전반적으로 문제가 있다고 확대하는 것이다. 전보다 성적이 떨어졌지만 여전히 1등급인 K양이 열심히 공부하지 않는 자신이 싫다고 하는 것은 우울증의 전형적인 인지 왜곡인 지나친 일반화와 장점 깎아내리기 경향을 잘 보여준다. 늘 1등만을 강요해온 엄마의 지나친 기대가 내재화되어 스스로를 괴롭히고 있는 것이다.

❦ 왜곡된 사고의 유형과 예

어떤 기분이나 상황에 연관되어 자동적으로 떠오르는 생각들을 관찰하면 인지 왜곡을 찾아낼 수 있다. 이런 생각들이 자신의 감정과 행동에 어떻게 부정적인 영향을 미치고 있는지 평가해보고, 지금까지의 잘못된 사고 유형을 수정하는 것이 인지치료의 목표다. 왜곡된 사고의 유형과 예를 알아보자.

첫째, 전부 아니면 전무의 생각All-or-Nothing Thinking이다. 연속 선상에 있는 수많은 가능성을 보지 않고 사물이나 사건을 절대적이고, 흑백의 범주로 본다. 양극단적 사고, 이분법적 사고다. 계속 A학점을 받던 학생이 한 과목에 B학점을 받고 "나는 완전히 망했어."라고 생각한다. 다이어트를 하고 있는 젊은 여성이 아이스크림 한 숟갈을 먹은 뒤 "또 다이어트 실패야."라고 생각한다.

둘째, 지나친 일반화Overgeneralization다. 한 가지 부정적 사건이 결코 끝나지 않고 계속된다거나 다른 사건에도 모두 적용된다고 본다. "항상" "반드시" 등의 자기암시가 많다. 우울증을 앓는 사람이 자신의 차에 새똥이 떨어져 있는 것을 보고 "이것 봐, 난 참 복도 없지. 뭐 하나 제대로 되는 건 없고 새똥도 꼭 내 차에만 떨어지고⋯."라고 생각한다.

셋째, 장점 깎아내리기Discounting the positive다. 자신의 성취나 긍정적인 특성들이 중요하지 않다고 생각한다. 비교적 일을 잘 처리했는데도 "제대로 되지 않았어. 이 정도는 누구나 할 수 있을 거야." "운이 좋은 것뿐이야."라고 생각한다.

넷째, 독심술Mind reading이다. 사람들이 자신에게 부정적으로 반응한다고 속단하며 정말로 그런지 알아보려고 들지 않는다. 강의를 하고 있는데 어제 밤새도록 술을 마신 한 학생이 꾸벅꾸벅

졸고 있는 것을 본 교수가 "내 강의가 지겨운가 보다. 난 왜 이리 설득력도 없고 말도 못하지?"라고 생각한다.

다섯째, 감정적 추론Emotional reasoning이다. 자신의 느낌이 틀림없이 옳고 반드시 그렇게 된다고 믿는다. "죄책감이 자꾸 들어. 내가 뭔가 잘못한 것이 틀림없어." "희망이 없는 것 같아. 이 문제를 해결하기는 불가능한 게 틀림없어."

여섯째, 명명하기Labeling다. 근거 없는 이름 붙이기. '전부 아니면 전무'의 보다 극단적인 형태다. 좀더 합리적인 증거를 고려하지 않고, 자신에게나 다른 사람에게 지레 고정적인 이름을 붙여버린다. "나는 패배자야." "난 바보야."

일곱째, 내 탓, 남의 탓Personalization, Blame이다. 자신이나 다른 사람의 행동에 대해서 좀더 타당한 설명을 고려하지 않고, 자신이 전적으로 책임질 일이 아닌데도 자학하거나, 자신이 어떤 문제에 대해 같이 책임질 일이 있는데도 다른 사람만 비난한다. "그가 날 퉁명스럽게 대한 것은 내가 뭔가 잘못했기 때문이야." "내 결혼생활이 이 지경이 된 것은 다 못된 마누라 탓이야."

자동적 사고에서 이러한 인지 왜곡을 확인하면 그것을 조금 더 긍정적이고 융통성 있는 사고로 바꾸기 위해 대안을 생각해보는 연습을 하게 된다.

상황	시험을 잘 못 봐서 성적이 떨어졌다.
정서	우울감(80%), 무기력(80%)
자동적 사고	'선생님이 나를 형편없다고 생각하실 거야.'
적응적 사고	'친구들 문제로 고민하면서 내가 힘들어했다는 것을 선생님은 아신다. 그래도 열심히 했고 여전히 1등급이다.'
결과	우울감과 무기력감이 40%로 감소한다.

🌱 끝이 아니라 시작

이렇게 인지 왜곡에 대해 알아차리고 수정하는 과정을 통해 K양은 우울증이 많이 개선되었다. 치료가 끝나갈 무렵 K양은 자신이 왜 그렇게 부정적인 생각에 빠져 있었는지 모르겠다며 이제는 우울증을 '완전히' 극복했다고 자신했다. 그런데 뭔가 이상한 것이 없는가? 맞다. 여기서 또 한 번 '전부 아니면 전무'의 왜곡을 범하고 있다는 걸 발견하고 우리는 함께 웃었다.

인생을 살다 보면 우울감은 언제든지 다시 찾아올 수 있다. 예전에 친구들과의 관계로 느꼈던 고통이나 실망을 다시는 겪지 않고 스트레스에서 완전히 자유로울 수 있다는 확실한 보장은 사실 없다. 이 치료를 통해 우리가 가장 현실적으로 기대할 수 있는 것은 앞으로 우울을 겪지 않는 것이 아니라 우울에 더 잘 대비하게 되리라는 것이다.

K양과 나는 "다 나았다."라거나 "잘 치료했다."라며 자만하지 않고 이런 사실에 만족하기로 했다. 살면서 겪게 될 인생의 어려움들에 대해 지금까지 배운 것들을 적용해서 계속 연습하고 훈련한다면 분명 자신의 감정에 휘둘리지 않고 잘 다스리는 데 도움이 될 것이다.

마음 건강을 위해
몸 건강을 챙기자

✹ 별걸 다 물어보는 의사

　대한민국 의사들 중에 상담치료를 주로 하는 정신건강의학과 전문의들이 외래 진료실에서 한 환자를 진료하는 데 아마도 제일 오랜 시간을 보낼 것이다. 처음 진료하는 환자의 경우 적어도 30분, 내 경우는 보통 1시간씩 시간을 보내는 게 일반적이다.

　2~3분이면 끝나는 다른 과 진료에 익숙한 사람들은 상담을 하다가 시계를 확인하고 자신이 이렇게 오래 시간을 뺏어도 되는지 묻고 미안해한다. 잠은 잘 자는지, 식사는 잘 하고 최근 체중에 변화가 있었는지, 두통이나 근육통·소화 불량·어지러움 등 다양한

신체증상의 유무, 주당 음주량이나 흡연량, 운동량, 교육 정도와 직업, 남자의 경우에는 군필 유무, 여자의 경우에는 월경 이상이나 폐경 유무, 가족관계, 정신건강의학과 이외의 질병 치료 여부 등 '별걸 다 물어본다.'라는 환자의 말 그대로 세세하게 파악한다.

오랜 시간 동안 상담하면서 환자가 현재 주로 호소하는 어려움이 무엇인지 들을 뿐만 아니라 다른 과에서는 묻지 않는 다양한 사항들을 확인하는 이유는 정신건강의학과 고유의 진단체계 때문이다. 정신건강의학과에서는 환자가 주로 호소하는 어려움을 바탕으로 우울증이나 공황장애 등 주 질환을 진단하는 것 이외에도 성격장애나 정신지체 유무, 환자의 의학적인 상태(질병의 유무), 진단과 치료 및 병의 경과에 영향을 줄 수 있는 심리사회적이고 환경적인 문제의 동반 유무 등을 함께 파악하도록 되어 있다.

한마디로 정신건강이란 성격, 신체적 건강, 사회적 및 환경적 요인들의 영향을 받는 상태라는 말이다.

🌱 마음 건강과 몸 건강은 동전의 양면

앞서 1부에서 강조했지만 마음 건강과 몸 건강은 떼려야 뗄 수 없는 관계다. 검진센터에서 스트레스 검진을 받으면서 자율신경계 기능이 지나치게 떨어져 있고 피로도가 높게 나온 한 환자는 스스로 별다른 스트레스를 받고 있지 않다고 호언했지만 고3 수험생을 둔 학부모였다. 그녀는 아들이 공부를 잘해서 걱정 없다고 했는데 검사 결과는 예상과 달리 몸이 무척 스트레스 반응을 보이고 있었다. 6개월 뒤 수능이 끝나고 아들이 대학에 합격한 뒤에 시행한 추적 검사에서 그제야 그녀의 자율신경 활동은 정상으로 회복되고 피로도도 감소한 것으로 나타났다.

마음은 스트레스가 아니라고 거짓말을 할 수 있어도 몸은 훨씬 정직하다. 스트레스를 받는지도 모르는 채 몸이 보내는 신호를 무시하고 그대로 두다가는 나중에 의학적으로나 정신 건강 면에서 훨씬 큰 이상이 생길 수도 있다. 그래서 마음 건강과 함께 몸 건강을 챙기는 것은 중요하다.

그래서 내 진료실에 찾아오는 환자들이 한결같이 듣는 잔소리가 있다. 충분히 자고 삼시 세끼 규칙적으로 잘 챙겨 먹고 절주, 금연, 운동, 복식호흡과 명상을 하라는 말이다. 가정의학과나 내과 의사가 할 듯한 잔소리를 정신건강의학과에서도 한다.

🌱 "술이 원수야."

"그날 저 정말 죽는 줄 알았어요."

갑자기 찾아온 어지러움과 가쁜 호흡, 가슴 두근거림, 식은땀 등 공황발작 증상으로 처음 응급실을 찾았던 때를 회상하며 D씨는 가슴을 쓸어내렸다. 공황장애는 아마도 우울증과 더불어 우리나라 사람들이 가장 친숙하게 생각하는 정신과적 질병일 것이다. 이 병으로 치료받고 있노라고 용기 있게 고백한 몇몇 연예인들 덕분에 응급실과 심장내과를 전전하며 병명을 모르고 고생하던 환자들이 이제는 D씨처럼 스스로 정신건강의학과 문을 두드린다.

공황장애 치료에서 제일 중요한 것은 병에 대한 이해다. 공황발작이 일어나 죽을 것 같은 공포에 휩싸이더라도 실제로 죽지는 않는다는 것을 알게 되면 이미 절반은 치료에 성공한 셈이다. 그래서 공황장애는 약물 치료만큼이나 인지행동 치료가 필수적이다.

"아, 정말 그래요? 진짜 그럴 줄 몰랐어요."

인지행동 치료 회기중에 공황장애의 원인과 유발 요인에 대한 설명을 하면 환자들이 이구동성으로 이런 말을 할 때가 있다. 술과 커피가 공황발작 증상을 유발할 수 있다는 사실에 놀라는 것이다. D씨도 그랬다.

영화감독인 D씨는 직업적 특성상 매우 불규칙한 생활을 해왔다. 특히 촬영 스케줄이 잡히면 밤낮없이 일을 해야 할 때가 많았고 스태프와 배우들의 단합을 위해서 술자리가 자주 벌어졌다. D씨는 술에 약했지만 지기 싫어하고 자존심 강한 성격이라 권하는 술을 거절하지 못했다.

첫 공황발작을 경험했던 그날은 3개월여의 촬영을 마친 날이었다. 새벽까지 이어진 회식자리, 이미 밤낮의 리듬이 깨진 생활로 체력이 고갈된 상태에서 마신 술은 독이었다. D씨처럼 술에 약한 사람은 알코올을 분해하는 효소가 부족해서 알코올의 체내 대사 중 생기는 독성 물질 아세트알데하이드가 빨리 분해되지 못하고 과도하게 축적될 수 있다. 그러면 맥박과 호흡이 상승하고 심장박동이 증가하며 안면 홍조, 저혈압 등의 증상이 나타날 수 있는데, 그 생리적 현상은 공황발작과 유사하다. 음주로 인해 유발될 수 있는 공황발작과 유사한 생리적 현상을 죽음을 의미하는 파국의 전조로 잘못 해석하고 그 경험이 반복되면 공황장애로 발전하게 된다. 즉 과다한 음주가 권총의 방아쇠를 당기는 셈이다.

커피도 비슷하다. 내가 진료한 환자 중에는 사업차 회의를 여러 차례 하면서 하루에 커피를 7~8잔 마신 뒤 첫 공황발작을 경험하고 공황장애로 발전되어 병원에 온 사람도 있었다.

🌱 잠이 보약이다

인간은 자신의 삶의 시간 중 1/3을 잠을 자며 보낸다고 한다. 아무 의미 없이 소모하는 시간 같아 보이는 잠은 사실 정신 건강과 밀접한 관련이 있다. 정신적인 스트레스를 받으면 코르티솔이라는 스트레스 호르몬이 분비되면서 교감신경이 활성화되어 신체의 긴장도가 높아진다. 또한 불안이나 우울 등 부정적인 기분이 들고 생각이 많아지면서 잠들기가 힘들거나 자다가 자주 깨고 평소보다 일찍 일어나는 등 수면의 질이 떨어지게 된다. 이러한 증상이 3주 이상 지속되면 불면증으로 본다. 따라서 잠을 잘 못 자겠다며 정신건강의학과를 찾아오는 환자에게 최근에 스트레스를 받은 일이 없는지 물어보는 것은 필수다.

불면증과 우울증은 특히 밀접한 관계가 있어서 우울증의 한 증상으로 불면증이 생기거나 우울증이 발병하기에 앞서 불면증이 수년간 선행하기도 한다. 가장 널리 쓰이는 항우울제인 선택적인 세로토닌 흡수 차단제는 수면에 관계하는 세로토닌 수용체에 작용해서 우울증에 동반된 불면 증상을 개선시킨다. 또한 2009년에 처음 개발된 항우울제 아고멜라틴은 생체리듬에 관여하는 멜라토닌 수용체에 작용해 우울증을 치료한다. 멜라토닌 수용체에 작용하는 수면제에 이어서 항우울제까지도 개발된 것은 불면과 우울 사이의 긴밀한 연결을 반증하는 것이다.

2013년 캐나다 연구진은 우울증 환자에게 인지행동 치료 요법을 이용해 불면증 치료를 독립적으로 시행한 결과, 불면증 치료를 병행하지 않은 우울증 치료 그룹에 비해 치료 효과가 2배 좋았다는 연구 결과를 발표했다. 게다가 항우울제를 복용하지 않고 불면증 치료만 단독으로 시행해도 우울증이 호전되었다고 한다. 잠의 중요성을 다시 한 번 확인하게 하는 연구 결과다.

환자들을 진료할 때 앞서 이야기한 규칙적이고 충분한 수면의 중요성을 강조하는 많은 연구 결과들에서 근거를 찾기도 하지만, 가장 강력한 것은 개인적인 경험인 것 같다. 같은 충고라도 좀더 확신을 가질 수 있으니 말이다. 수면 습관에 대한 잔소리의 경우가 내게는 그렇다.

밤늦은 시간은 조용하고 집중하기에 딱 좋아서 학창시절부터 전문의 자격증을 딸 때까지 10여년이 넘도록 내 취침시간은 항상 밤 12시를 넘겼다. 전공의 수련 기간에는 종종 야간 당직을 서고 아침 일찍 출근해야 해서 수면부족에 시달렸다. 시청각 자료를 이용한 강의시간이면 어김없이 졸아서 선배들이 놀렸던 기억이 난다.

전문의가 되고 큰딸을 낳은 뒤에야 저녁 9시에 딸을 재우며 같이 잠들고 아침 6시에 기상하는 규칙적인 생활을 3~4년 하게 되었다. 아침마다 기분이 상쾌하고 전과 달리 피로감 없이 하루를 시작할 수 있다는 사실을 발견하며 충분한 수면을 취하는 게 중요하다는 것을 그때 새삼 깨달았다.

낮에 육아에 시달리던 엄마, 업무 스트레스에 찌든 직장인, 공부에 시달리는 학생들이 조용한 밤에 드디어 얻게 된 혼자만의 시간에 늦게까지 텔레비전을 보거나 인터넷 서핑을 하고 스마트폰 채팅으로 스트레스를 푸는 것을 이해 못하는 바는 아니나 개인적인 경험을 반추하며 늘 환자들에게 규칙적으로 충분한 시간 동안 자고 일어나라고 강조한다.

🌱 수능 필승 전략, 운동

검진센터에서 스트레스 검진을 하다 보니 스트레스 해소법에 대한 질문을 많이 받는다. 다양한 취미 활동, 여행, 봉사, 종교 활동 등 스트레스에서 벗어나 기분을 나아지게 하는 활동에는 여러 가지가 있다. 그 중 운동은 가장 필수적인 스트레스 관리 활동이다.

운동을 하면 여러 가지 좋은 효과가 나타난다. 우선 스트레스를 주는 일에서 벗어나 운동에 집중하게 되면서 스트레스가 감소하는 효과가 있다. 스트레스에서 탈피한다는 측면에서 여행을 통한 휴식도 같은 효과를 불러오지만 여행을 매일 다닐 수는 없는 일이다. 하지만 운동은 마음만 먹으면 매일 손쉽게 할 수 있으니 하루에 한 번쯤 자신에게 스트레스에서 탈출할 기회를 주는 것이 좋다.

둘째, 우울, 불안 등 부정적인 감정의 감소 효과다. 운동을 하면 도파민이라는 행복 호르몬이 분비되어 우울증과 불안감을 낮추어준다. 최근 연구에 따르면 적당한 운동을 꾸준히 한 사람들은 우울증을 앓거나 자살 시도를 한 사람에게서 높게 나타나는 혈중 키뉴레닌Kynurenine이라는 단백질을 분해시키는 효소가 근육 내에 더 많은 것으로 나타났다. 운동을 해서 근육을 키우면 우울증 예방 백신을 맞는 효과가 생길 수 있을 것이다.

셋째, 운동을 통해 체력이 늘고 신체의 이미지가 건강하게 변하게 되면 자신감이 향상된다. 앞서도 설명했지만 열등감은 분노, 불안, 우울 등 다양한 부정적인 감정을 불러일으킨다. 자존감을 회복하고 긍정의 아이콘이 되고 싶다면 운동을 시작해볼 일이다.

넷째, 운동을 하면 숙면을 취하는 데 도움이 된다. 잠이 보약이라고 잔소리했던 것을 기억하라. 두말하지 않겠다.

다섯째, 운동을 한 사람들이 기억력 점수가 더 좋다. 운동을 하면 미세 혈액순환이 좋아지기 때문에 뇌세포가 영양을 잘 공급받고 노폐물도 잘 제거되어서 나이를 먹어도 더 오래도록 건강을 유지할 수 있는 것이다.

이런 5가지 이유로 나는 스트레스 클리닉에 찾아 오는 수험생들에게 운동을 권유한다. 책상 앞에 앉아 있는 시간에 비례해서 성적이 늘지는 않는다. 시험을 앞두고 불안해서 집중이 안 되고 자꾸만 잡념이 들 때는 운동이 최고다. 기억력도 좋아진다고 하지 않는가?

✦ 아이러니한 인연, 마음챙김 명상

마지막으로 명상을 빼놓을 수 없다. 긍정적인 감정을 유지하고 스트레스를 잘 이겨낼 수 있는 삶을 사는 방법으로 명상을 추천하는 것에는 역시 나의 개인적인 경험이 한몫한다. 명상, 특히 마음챙김 명상을 접한 것은 내가 현재 근무하는 클리닉에서 일을 시작할 무렵으로, 이전 병원에서 함께 근무했던 동료 선생님의 소개로 알게 되었다.

당시 나는 조현병·조울병 환자를 주로 보는 입원병동이 있는 정신건강의학과 전문 병원에서 근무하다가 스트레스와 치매, 기억력 검진 특화 클리닉으로 외래만 보는 시스템으로 옮겨 가면서 환경 변화에 스트레스를 받고 있었다. 게다가 이제 갓 돌이 지난 아기를 키우는 초보 엄마이며 6개월 전에는 운전중 교통사고로 뇌진탕이 있었고, 연달아 어머니 상을 당해 그야말로 정신없는 상황이었다. 나 스스로 스트레스를 심하게 받고 있는 상황에서 스트레스 검진을 주로 하는 병원으로 가게 된 것이다. 우연히 주어진 삶의 아이러니를 통해 스트레스 관리에 명상이 효과적이라는 것을 체험했으니 인연이라 여겨졌다.

당시 복잡한 마음을 가라앉히고 새로운 일에 집중할 수 있도록 내게 힘을 주었던 '마음챙김 명상을 이용한 스트레스 감소 프로그램'은 메사추세츠 의과대학의 존 카밧진 교수가 1980년대에 개발한 것이다. 마음챙김 명상은 동양에서 이미 2,000년 이상의 장구한 역사를 지닌 자기 탐구와 치유의 한 방법인데 이것이 서양의 의과대학에서 보완대체의학의 한 부분으로 채택된 것이다. 이후 35년 동안 만성적인 질병과 통증으로 고생하던 수많은 환자들이 마음챙김 명상 수련을 통해 도움을 받았고 정신건강의학적 측면에서는 마음챙김 명상과 인지치료를 결합해 불안이나 우울 등 정서적인 어려움을 감소시키는 것으로 확장시키기에 이르렀다.

마음챙김 명상에서는 판단하지 말고 인내심을 가지며 처음 시작할 때의 마음과 믿음을 유지하고 지나치게 애쓰지 않으며 수용하고 내려놓는 마음을 가질 것을 강조한다. 이미 지나간 과거와 아직 오지 않은 미래에 지나치게 신경을 쓰는 것에서 벗어나 호흡과 몸을 관찰하는 방법으로 현재에 집중하도록 유도한다. 명상을 하는 동안은 무엇인가를 끊임없이 생각하고 느끼고 행동하는 것에서 탈피해 그냥 단순히 존재하는 것으로 마음과 몸을 쉬어주는 것이다.

실제로 체험을 해보면 설명을 듣는 것보다 훨씬 좋다. 마음챙김 명상 프로그램을 운영하는 스트레스 클리닉이 있고, 마음챙김 명상과 관련한 존 카밧진 박사의 책도 국내에 여러 권 출간되어 있으므로 한번 읽어보시기를 권유한다. 스트레스로 가벼운 우울과 불안, 화를 느끼는 사람이라면 명상이 가진 강한 힘을 경험할 수 있을 것이다.

겉으로 보이는 것이
다가 아니다

⚘ 승진 탈락 뒤 우울증이 찾아온 J씨

J씨는 능력 있고 성실해서 큰 프로젝트를 몇 년째 성공적으로 이끌었다. 회사 근처에 오피스텔을 얻어 야근과 밤샘을 밥 먹듯이 했고 상사도 많은 일을 믿고 맡겼다고 한다. 하지만 기대했던 승진은 상사의 대학 후배인 J씨 입사 동기가 차지하고 말았다. 토사구팽이라는 말이 어울리는 그 상황을 두고 J씨는 몇 년간 연애를 하다 영문도 모르고 버림받은 기분이라고 말했다.

무기력감과 자신감 저하를 호소하면서도 J씨는 이상하게 상사에 대해서는 담담한 반응을 보였다. 상식적으로 보면 이용만 당한 것 같아 억울함과 배신감이 큰 게 당연한 것 같은데 화가 나지 않는다는 것이다. 그저 '뭔가 사정이 있었겠지.'라고 생각하고 싶어했다. 화가 나기는커녕 창피하다는 생각이 들어 J씨를 위로하고 안타까워하는 회사 사람들을 피해 다니고 있었다. J씨는 정말 화가 나지 않는 걸까? 화가 나지만 모르고 있는 걸까?

🌱 전이

J씨의 감정이 상황에 맞지 않고 이상해 보이지만 전이 transference라는 정신분석 이론으로 보면 충분히 설명된다. 좁은 의미에서 전이란 정신치료 과정에서 치료자와 환자 사이에 생기는 인간관계의 한 면으로 치료자가 마치 과거의 어떤 사람인 것처럼 반응하는 것을 말한다. 어렸을 때 중요한 사람에 대한 감정, 충동, 생각, 태도, 소망 등과 그에 대한 방어가 현재의 대상, 즉 치료자에게 전치 displacement되는 무의식적 과정이어서 환자는 그런 사실을 잘 인지하지 못한다.

프로이트는 정신분석에서 일어나는 현상에 대해서만 국한해 설명했지만 이제는 이런 전이 현상이 모든 인간관계에서 항상 일어나는 현상이라고 보고 있다. 어릴 때 경험한 중요한 대상(주로 부모)과의 관계가 그 사람의 대인관계의 원형으로 작용하게 되고 현실적인 측면과 함께 전이반응적인 측면이 뒤섞여 그 관계를 반복하는 것이다.

J씨가 상사에게 인정받으면서 느꼈던 연애감정과 같은 친밀감, 만족감, 그리고 승진 탈락 이후에 아무런 감정이 들지 않고 담담한 것이 전이와 어떻게 관련 있는지 살펴보자.

❧ 버림받을까 봐 두려웠던 아이

평소에 J씨는 당연히 화가 나야 되는 상황에서 아무런 말도 못하다가 나중에 혼자 있을 때 이런저런 생각이 나서 억울한 마음이 들기 일쑤였다. 소심하고 다른 사람들의 평가에 예민해서 눈치를 잘 보는 J씨에 대해 사람들은 농담으로 '트리플 A형'이라고 했다. 유능하면서도 착하고 좋은 사람이라는 평판을 위안 삼았지만 그런 면이 스스로 답답하게 느껴질 때도 있었다. J씨의 성장과정을 들여다보면 그의 성격에 대해 이해할 수 있다.

부모의 이혼으로 갓난아기 때부터 외가에서 자란 J씨에게 엄마는 "말 안 들으면 너 버리고 가버릴 거야."라는 말을 종종 했다. J씨는 낮잠을 자다 깬 뒤 엄마가 없으면 옷장을 열어보면서 엄마가 도망간 것은 아닌지 확인하곤 했었다. 아비 없는 자식이란 소리를 듣지 않도록 잘하라는 잔소리도 자주 들었다. J씨는 예의 바르고 공부 잘하는 모범생으로 자랐지만 엄마를 만족시키기는 힘들었다. 수학 경시대회에서 1문제만 틀려 칭찬을 들을 기대로 부풀어 엄마에게 이야기하면 너무 쉬운 문제를 어이없이 실수해서 틀렸다고 심하게 때리는 식이었다.

학교에 다녀온 뒤 엄마가 회사에서 오기를 기다리는 동안 혹시나 엄마가 영영 오지 않으면 어떻게 하나 걱정도 많았다. 외로움을 텔레비전 소리로 달래던 소년은 버림받을까 봐 두려워하고 인정받으려고 애쓰느라 정당한 화조차 내지 못하는 불쌍한 모습으로 J씨의 마음속에 자라지 않은 채 있었던 것이다.

❦ 중요한 관계는 반복된다

J씨는 착하고 공부 잘하는 아이가 되어 툭하면 버리겠다고 위협하는 엄마에게 사랑받고 싶었던 것과 마찬가지로 상사에게도 인정받고 싶은 마음이 있었다. 노력한 만큼 성과가 있었고 상사도 J씨에게 자율적인 결정권을 많이 주면서 인정해주었다. J씨는 아내에게 "이번에는 상사 복이 있나 보다."라고 이야기할 정도로

만족스러워했다. 남자 상사 앞에서는 더 주눅이 들고 불편했는데 이번에는 여자 상사여서 조금 편한 측면도 있었다. '상사와 연애를 했다.'라고 표현할 정도로 만족스러움을 느끼고 있던 찰나에 승진 탈락은 그야말로 영문도 모르고 애인에게 차인 셈이 된 것이다.

버림받는 것이 현실이 되었을 때 왜 J씨는 화를 내지 못했을까? J씨가 엄마를 먼저 버렸다는 죄책감 때문이었던 것 같다.

아들에 대한 기대와 집착이 심했던 엄마와 J씨의 갈등은 대학교에 들어간 J씨가 여자친구를 사귀면서 점점 커졌다. J씨의 엄마는 외출 이유와 장소, 귀가시간을 일일이 체크했고 여자친구가 마음에 들지 않으면 따로 만나 헤어질 것을 강요했다. 반발하는 J씨에게 폭언과 폭행을 행사하기도 했다. 어느 날 술을 마시며 J씨를 기다리던 엄마가 밤늦게 귀가한 J씨와 말다툼 끝에 J씨의 목을 조르고 같이 죽자고 덤빈 일이 생긴 후 J씨는 집을 나왔다. 친구 집을 전전하다가 군대에 갔고 결국은 대학을 중퇴하고 말았다.

J씨는 동료가 승진하고 싶다는 이야기를 할 때면 속물이라고 여기면서 '나는 그런 욕심이 없는 깨끗한 사람'이라고 생각했었다. 하지만 사실 '가진 것 없고 학교도 다 못 마친 나 같은 놈이 감히 무슨 성공을 하겠어?'라는 생각이 늘 마음 깊이 있었다. 그리고 이런 지나친 자기 비하는 자신을 키우느라 고생한 엄마를 버

렸다는 죄책감에 일부 뿌리를 두고 있었다. 엄마에 대한 죄책감
이 컸기에 엄마(상사)에게 버림받아(승진 탈락) 정당하게 화를 내야
하는 상황에서도 화를 내지 못하고 자신의 잘못인 양 창피해하고
죄지은 사람처럼 피하게 된 것이다. 마음 깊은 곳에서는 자신이
당연히 버림받을 수밖에 없었다고 여겼는지도 모르겠다.

강한 감정 반응이 전이 반응의 특징이지만 상황에 적합하지 않
거나 감정이 결여된 것 역시 전이 반응이 현실적인 반응과는 크
게 다른 점이다. J씨가 상사와의 관계에서 느낀 연애감정과 같은
친밀함과 만족감, 이후의 담담함과 수치심 등은 이러한 전이반응
적 측면이 반영되었다고 볼 수 있다.

🌱 엄마 같은 아내

J씨는 아내와의 관계에서도 엄마와 생겼던 갈등을 반복하고 있
었다. J씨의 아내는 결혼 전부터 엄마처럼 모든 걸 통제하는 스타
일이었다. 연애시절 J씨는 사업으로 진 빚이 있었는데 아내가 J씨
의 카드를 없애고 알뜰하게 통장관리를 해서 빚을 없애 주었다.
이전 애인들과는 달리 성적으로 끌리는 면이 적었지만 편안함 때
문에 결혼을 하게 되었다. 그런데 사귈 때는 고맙게 느껴지던 아

내의 관심이 시간이 지날수록 지나친 잔소리로 느껴졌다.

J씨는 회사에서와 마찬가지로 가정에서도 최선을 다했다. 맞벌이하는 아내를 위해 집안일에도 적극적이었고 두 아들이 엄마보다 아빠를 잘 따를 정도로 육아에도 자신이 있었다. 하지만 엄마와 마찬가지로 아내를 만족시키기 힘들었다. 아내는 엄마처럼 칭찬보다는 더 잘하라는 질책을 많이 했다.

"대학원에 가라." "영어공부를 해라." 치열한 경쟁을 생각하면 아내의 권유가 일리 있다고 동의하면서도 '이보다 얼마나 더 잘하라는 거야?'라고 반발심이 드는 것은 엄마의 잔소리가 연상되기 때문이었다.

J씨는 아내 모르게 용돈을 모아 주식투자를 하고 있다. 돈을 왕창 벌어 아내에게 "이 돈 다 너 가져." 하며 줘버리고는 이혼해버리는 상상을 가끔 하곤 한다. 엄마에게 버림받을까 봐 불안했지만 동시에 버리고 떠날 만큼 화가 났던 양가감정을 아내에게도 역시 느끼고 있는 것이다.

❧ 치료 상황에서 나타난 전이 반응

하루는 늦게 온 다른 환자 때문에 J씨와의 상담이 예정보다 15분 늦게 시작되었다. 기다리는 동안 무슨 생각을 했느냐는 질문에 처음에는 그냥 아무 생각이 없었다고 했다. 조금 더 탐색을 해보자고 격려하면서 약속시간이 넘었는데 지금처럼 기다리던 상황에 대해 연상을 권유했다.

J씨는 아무 때나 회의를 소집하고는 또 아무런 설명 없이 오랫동안 기다리게 한 뒤 일방적으로 취소해버리던 상사를 떠올렸다. 당시 투덜거리고 짜증을 내던 동료들과는 달리 J씨는 그냥 그런가 보다 하고 넘어갔다. 상담을 기다리는 동안 오늘따라 무슨 이유로 이렇게 늦어지는지 설명이 없었는데 물어볼 생각도 하지 않고 조용히 기다리기만 한 J씨는 그때 그 회의를 기다리던 마음과 같은 마음인 것 같다고 했다.

"상사에게 잘 보이고 싶었던 것처럼 치료자에게도 말 잘 듣는 착한 환자가 되고 싶었나 보다."라고 말하자 J씨는 눈물을 흘렸다. 치료 상황에서 엄마에게 인정받고 싶어했던 마음속 어린아이를 마주하며 처음으로 그 아이가 불쌍하다고 느꼈다고 한다. 나중에 J씨는 그 상사를 떠올리며 "개XX"라고 욕을 할 수 있게 되었다.

🌱 나도 모르는 내 마음 들여다보기

J씨의 경우에서 보듯이 겉으로 보이는 감정 뒤에는 다른 감정이 숨어 있을 수 있다. 우울함을 호소하면서 온 J씨는 상담을 통해 상사(엄마)에 대한 화를 발견했고 더 깊은 곳에 자리한 마음속 어린아이의 불안을 마주하게 되었다.

감정을 다스리는 데 있어 겉으로 보이는 것만을 다스리는 것에서 나아가 자기도 모르는 자신의 마음, 무의식을 좀더 들여다보려고 노력하는 것이 도움이 될 수 있다. 우리의 마음속에는 자라지 않은 아이가 하나씩 있다고 한다. 그 아이가 얼굴을 내밀 때 우리는 '별것 아닌데 왜 이렇게 화가 나지?' '쟤는 잘해도 이상하게 얄미워.' 하는 마음이 생긴다. 이 순간을 놓치지 않고 잘 들여다보면 무의식이 의식으로 떠오를 수 있다. 우리의 마음을 잘 알게 될 때 우리는 그 마음에 휘둘리지 않고 자유로워질 수 있다.

무의식을 들여다보는 방법 중 가장 좋은 것은 분석가에게 분석을 받는 일일 것이다. 하지만 시간과 경제적 비용 때문에 분석을 받기란 쉬운 일이 아니다. 한 번에 45분에서 50분씩, 주 4회 만남을 적어도 2년 이상 가져야 하기 때문이다.

정신분석에 관심을 가지는 정신건강의학과 의사의 경우에 스스로 교육 분석을 받는 경우가 있는데, 사실 고백하자면 나는 엄두를 내지 못했다. 살다가 언젠가 내 심리적 갈등이 심해서 스스로 감당하기 어렵다고 느낄 때 정신분석을 받으러 갈지도 모르겠다. 아직 그렇게 힘들지 않다는 것을 다행이라고 생각하면서 살고 있다.

♨ 자기분석, 다른 방법은 없을까?

우선 일상생활에서 자신의 마음에 좀더 관심을 기울이고 들여다보는 연습을 해보자. 앞서 설명했던 관찰하는 자아가 이럴 때 작용한다. J씨처럼 상황에 맞지 않는 강한 감정이 들거나 감정이 느껴질 만한데도 감정이 없을 때, 비슷한 관계가 반복될 때, 반복되는 행동이나 감정에 대해 왜 그런지 의문을 가지고 그 이유를 생각해보는 것이다.

아무리 생각해봐도 모르겠는가? 모르는 곳을 찾아가려면 지도가 필요하다. 자기도 모르는 자신의 마음을 찾아가는 데 심리학 관련 책이 지도처럼 도움을 줄 수 있다. 일반적으로 마음이 작용하는 방식에 대해 알게 되면 그것을 내 마음에 적용해 이해해볼 수 있다. 또 다른 사람들의 사례를 통해 나와 비슷한 점을 발견하고 깨달을 수 있다.

엄마가 돌아가신 뒤 내 여동생은 한동안 우울과 무기력감으로 고생을 했었다. 언니가 정신건강의학과 의사이지만 어릴 때 서로 코딱지 파는 모습을 보고 자란 사이여서인지 약을 먹어보라는 조언이 통하지 않았다. 대신 마음챙김 명상과 책을 한 권 권했는데 두어 달 뒤에 명랑하고 유쾌한 예전 모습을 되찾게 되었다. 내가 권해 준 심리학 책이 많은 도움이 되었다고 한다.

"가끔 잊어버릴 만할 때쯤 책을 사서 봐야 해. 까먹거든. 다시 읽으면서 '그래, 그렇지….' 그러고 힘을 얻는 거야."

여동생이 웃으면서 말하는 자기 처방전이다.

🌱 꿈 해석하기

꿈을 해석하는 것도 자신의 마음을 들여다볼 수 있는 또 다른 방법이다. 프로이트는 『꿈의 해석』을 통해 무의식의 존재를 보여 주었고 자기 꿈을 해석해서 자기분석을 했다.

J씨의 치료에서도 꿈 이야기가 나왔다. J씨는 쉬는 날이면 두 아들이 한시도 가만히 두지 않고 놀아달라고 매달리는 통에 무척 지치고 힘들다고 느끼고 있었다. 게다가 두 아들이 엄마의 잔소리를 똑같이 따라 할 때면 엉덩이를 한 대 때려주고 싶은 생각이

굴뚝 같다고 했다. 꿈에서 J씨는 그런 두 아들을 옆집으로 보내버렸다.

꿈을 이야기하면서 J씨의 연상은 아들에서 아내에게로 옮겨갔다. 아내는 사실 두 아들보다 더 J씨를 힘들게 하고 있었다. 가만히 쉴 틈을 주지 않고 무언가를 시키거나 잔소리를 해서 미치겠다는 것이다. J씨는 아내보다 육아에 자신이 있기에 내심 '아내 없이도 나 혼자 아이들을 키우며 잘 살 수 있겠다.'라는 생각을 가끔 한다고 했다.

J씨는 평소 아내에게 이렇게 말해왔다고 한다.

"다른 집에 한번 가서 살아 봐봐. 남편들이 어떻게 하는지…. 나 같은 남편이 어디 있다고 그래?"

옆집으로 보내고 싶은 사람은 아들이 아닌 아내였던 것이다.

꿈을 자기분석의 자료로 이용하기 위해 생생하고 인상적인 꿈을 꾼 뒤에는 노트에 바로 기억나는 대로 적어보는 것도 좋다. 꿈속에서 느꼈던 감정이나 관련해 떠오르는 생각들을 가감 없이 적어보는 것이다. 앞뒤가 두서없더라도 괜찮고 솔직하게만 적으면 된다. 꿈과 관련해 자유롭게 연상한 것에서부터 무의식의 답이 나온다. J씨의 경우처럼 말이다.

어려울 때 도움을 청하는 건
약한 게 아니다

🌱 신경쇠약증, 한국

2011년 7월 〈뉴욕 타임즈〉에 이런 기사가 실렸다.

"한국인들은 증가하는 이혼율, 학업성취로 질식하는 학생들, 세계에서 가장 높은 자살률, 업무 후 만취할 때까지 마시는 기업의 음주문화와 함께 과로와 스트레스와 긴장으로 전 국민이 신경쇠약에 걸린 것 같다. 한국에서는 연예인, 정치인, 운동선수, 기업가들의 자살이 일상이 되었다.

최근 명문대학 학생 4명과 교수 1명의 자살은 나라를 충격에 빠트렸고, 최근 몇 주 동안 텔레비전 야구 중계 아나운서와 2명의

축구 선수, 대학 총장과 인기 보이밴드의 리드 보컬이 자살했다. 그러나 한국인들은 서양에서 개발한 스마트폰부터 인터넷과 성형수술은 지나칠 정도로 수용하면서 불안과 우울, 스트레스를 치료하기 위한 심리치료에 대해서는 대개 거부한다."

국가 전체가 신경쇠약중에 걸린 것 같다고 표현을 할 만큼 스트레스가 심각한 수준임에도 한국인들이 정신과적 치료나 심리상담을 꺼리는 이유에 대해서 이 기사에서는 심리나 감정의 문제를 공개적으로 이야기하는 것을 금기시하는 사회분위기, 정신병자라는 낙인, 점이나 굿을 하는 전통, 보험 문제 등으로 분석하고 있었다.

이것은 2011년, 한국의 자살률은 인구 10만 명당 31.7명으로 OECD 국가 가운데 1위로 인구 10만 명당 10.1명인 미국의 3배 가까이 되는 자살률 통계가 발표된 뒤 나온 기사이다. 35분에 1명 꼴로 자살을 하고 하루 평균 40명이 자살을 하고 있는 셈이었다. 국가적인 노력에 의해 이후 해마다 점차 감소추세이던 자살률은 2018년 인구 10만 명당 26.6명으로 다시 증가했고 OECD 국가 중 2위로 여전히 우리나라 정신 건강의 현주소는 우려할 만한 수준이다.

🌱 체면 문화

진료실에 오는 환자들을 보면 기사에 나오는 분석에 공감이 가는 경우가 많다. 얼마 전 63세 여성 한 분이 우리 병원에서 검진을 하다가 최근 기억력이 전에 없이 떨어져 깜박깜박한다며 상담을 하러 왔다. 환자는 치매 위험에 대한 걱정을 주로 늘어놓았지만 상담 전에 실시한 간단한 정서상태 검사에서 불안, 우울, 스트레스 지수가 매우 높은 것으로 나타났다. 자세한 면담 결과 기억력 저하는 1년 전 서울생활을 정리하고 남편의 고향으로 내려가면서 시작되었다.

환자는 공무원으로 20년 넘게 근무하다가 10년 전 퇴직을 했는데 퇴직금을 남편 몰래 아들의 사업 자금으로 조금씩 대주다가 현금을 다 써버렸다. 결국 생활비를 줄이기 위해 1년 전 서울에서 살던 아파트를 세를 주고 남편의 고향으로 내려가 일당을 받으며 비닐하우스 일도 하고 밭농사를 지으며 살게 되었다고 한다. 자식들이 고생하신다며 말렸고 남편도 반대했지만 자식 도움 안 받고 살겠다고 환자가 뜻을 굽히지 않았다. 지방으로 내려간 후 남편은 하루 종일 술을 마시고 욕을 하거나 인사불성이 되어 잠만 잤고 집안일이며 농사는 모두 환자의 몫이 되었다.

사실 남편은 젊을 때부터 사업을 한다고 했지만 돈을 벌어다주기보다는 여자를 만나거나 술을 마시는 데 다 써버리고 가장 역할은 제대로 하지 못했다. 하지만 아이들이 잘못될까 봐, 가정의 평화를 위해 환자는 남편을 깍듯이 모시며 아이들 앞에서 오히려 사이좋은 척했다. 남편이 벌어다주지 않아도 공무원 생활로 알뜰하게 돈을 모아 고향에 땅도 사고 주변 사람들에게 금슬 좋은 부부로 소문이 자자하게 살아왔다고 한다. 남편이 키도 크고 잘생겨서 인물이 좋으면 여자와 술이 따를 수밖에 없다고 받아들이고 잘나서 그런 거라고, 사업을 하려면 돈도 쓸 줄 알아야 한다고, 그래도 아이들에게는 아버지가 있어야 하니까 이 가정은 본인이 지켜야겠다는 생각으로 버텨온 40여 년간의 이해심이 1년 전부터 바닥나기 시작한 것이다.

많이 배우지도 못했고 가난하게 시작했지만 자식 둘 낳아서 대학까지 보내고 다 출가시켜서 잘 살고 있고 서울에 집도 있고 고향에 땅도 있고 남들이 보면 정말 성공했다고 하는 삶인데도 불구하고, 최근에는 이상하게 잘못 산 것 같고 슬프고 눈물이 절로 나온다고 했다. 남편에게 사랑도 받고 싶고 노부부가 오순도순 서로 도와가며 살고 싶은데 하루 종일 술만 마시고 불평만 해대는 남편이 어느 순간부터 그렇게 꼴도 보기 싫어서 순간적으로 '이 남자를 어떻게 해버리면 내가 좀 편할까.'라는 생각이 들 정도라고 고백했다.

전에는 텔레비전 뉴스에 남편을 살해한 아내 이야기가 나오면 사람이 어떻게 그럴 수 있냐며 망측하다고 생각했었는데, 지금은 '오죽 하면 그럴까.'라고 이해가 간다고 한다. 눈물을 펑펑 흘리던 환자는 나이 들어 마음이 약해진 모양인지 별 이야기를 다 한다며 남에게 이런 이야기해본 것은 평생 처음이라고 했다.

이 환자뿐만 아니라 소설에 나올 법한 구구절절한 사연을 풀어놓는 많은 환자들이 흔히 하는 이야기가 "남에게 이런 이야기해본 것이 평생 처음"이라는 말이다.

'체면 문화'라고 말하는 한국의 문화가 이런 곳에서도 드러나는 것 같다. 서양은 '나'가 중심이 되는 개인주의 문화지만 동양권, 특히 한국은 '우리'가 중심이 되는 공동체 문화다. 많은 부분에서 서구화가 되었지만 아직도 문화적으로 남의 이목을 더 많이 인식하는 경향이 있다. 그래서 〈뉴욕 타임스〉가 지적한 대로 스마트폰과 초고속 인터넷, 성형수술이 보편화된 나라에서 정신건강의학과 치료와 심리상담보다는 점을 봐주는 카페와 룸살롱이 스트레스 해소법이 되는 아이러니가 벌어지는 것 같다. 유행에 뒤떨어지지 않으려 노력하고 최첨단 지식은 세계에서 그 누구보다도 빨리 받아들이면서, 심리적인 어려움에 대해서는 감정을 드러내고 표현하기보다는 속으로 참고 삭이는 것이 미덕이다 보니 어려움을 누군가에게 털어놓고 위로를 받기가 쉽지 않은 것이다.

"이런 이야기를 하면 남들이 뭐라고 하겠어요, 체면이 있지…."
아마 그래서 그 환자도 남편에 대한 불만을 속으로만 삭이고 자식과 남들에게는 잉꼬부부로 평생을 살아오다가 급기야 터진 것이다.

그런데 감정을 잘 표현하지 않고 참다 보면 감정을 느끼기도 쉽지 않게 되는 수가 있다. 그래서 슬프거나 우울하다는 것을 알아차리거나 인정하지 못하고 대신 두통, 속쓰림, 어지러움, 가슴 답답함 등 다양한 신체증상으로 나타나기도 한다. 그러다 보니 스트레스 클리닉으로 가야 할 환자들이 소화기내과, 심장내과, 통증 의학과, 신경과, 한의원 등을 전전하는 경우가 생긴다. '검사를 해도 특별한 이상은 없다는데 나는 힘들다.'라면서 명의를 찾아다니는 것이다. 이 환자도 주된 호소는 기억력 저하였지만 간이 테스트 결과 기억력과 집중력에는 전혀 이상이 없었다.

어떤 남자 환자는 기억력이 너무 많이 떨어졌다고 와서 검사를 했는데 기억력 지수가 135로 연령과 교육수준 대비 최우수 수준이었고 정작 문제는 극심한 스트레스였던 것으로 드러난 적도 있다. 우울이나 불안 등 부정적인 감정을 잘 알아차리지 못하는 일은 "울면 고추 떨어진다."라는 말을 듣고 자라는 문화의 희생양인 남자에게 더 많이 나타나는 것 같다. 슬프거나 우울하다는 것은 약하다는 것으로 받아들여지기 때문에 마음대로 표현할 수 없고 그나마 술이라도 마셔야 울화를 터트리는 게 용납이 되니, 지나친 경쟁으로 사회적 스트레스가 심각하게 누적되어온 지난 10년간 한국 성인 1인당 술 소비량이 지속적으로 증가해왔다는 게 이해가 가기도 한다.

🌱 정신건강의학과 치료에 대한 오해

부정적인 감정을 잘 알아차리지도 못하고 알아도 잘 표현하지 못하는 문화적인 한계를 넘어서서 정신건강의학과에 상담하러 온 환자들도 그냥 한번 와보는 게 아닌 적극적인 치료를 결심하기까지 또 넘어야 하는 산이 있다.

앞서 이야기한 여성 환자의 경우를 보자. 우울과 불안이 심하니 치료를 받으라고 권유하니 환자는 남편의 성격과 술버릇이 하루아침에 고쳐지지도 않을 텐데 치료는 받아서 무슨 소용이냐며 반문을 한다. 또 약물 치료에 대해서 "중독성이 있는 게 아니냐, 먹으면 바보된다고 하더라."라며 부작용을 우려했다. 환자를 모시고 온 딸은 혹시라도 정신건강의학과 치료를 받는 경우 필요한 때에 보험금 지급을 제대로 못 받는 것은 아닌가 걱정을 하면서 치료를 꺼렸다. 여기에서 정신건강의학과 치료에 대한 몇 가지

오해들을 좀 풀고 가야겠다.

첫째, 스트레스 요인이 사라지지 않으면 치료는 효과가 없다?

물론 최고의 결과는 스트레스 요인이 없어져줄 때 가능하겠지만 인생사가 다 원하는 대로 풀리지는 않는다. 스트레스 요인과 대처 반응 사이의 균형이 깨질 때 병이 생기는 것이므로 스트레스 요인을 다 없앨 수 없다면 스트레스에 잘 대처하는 힘을 기르는 게 차선책일 것이다. 이 환자의 경우도 40년간 남편이 돈은 잘 벌어다주지 않고 여자 문제와 술 문제로 늘 불만족스러웠지만 그래도 잘 견디며 살아왔는데 지난 1년간 그 균형이 깨지며 전에 없이 남편이 죽이고 싶을 정도로 미워졌다. 사실 남편은 지난 40년간 변함없이 똑같았는데 환자의 마음이 변한 것이다.

자살시도나 살인을 했던 범죄자들을 대상으로 한 연구에서 뇌척수액 내 세로토닌 대사물질의 양이 정상인보다 현저히 낮다는 결과가 나왔다. 세로토닌, 도파민, 노르에피네프린 등 뇌세포의 정보전달에 관여하는 신경전달물질의 이상이 공격적인 행동과 연관이 있다는 연구 결과들이 많다. 남편을 살해해 텔레비전 뉴스에 나온 사람의 마음이 이해되고 문득 자신도 모르게 비슷한 생각에 잠겨 있었음을 발견한다는 이 환자는 뇌과학적으로 말하면 신경전달물질의 균형이 깨져 적극적인 치료가 필요한 상태인 것이다. 치료를 하면 회복이 될 정도로 뇌과학이 발전한 시대다.

첨단 정보를 누구보다도 빨리 흡수하는 한국 사람들이지만 뇌 과학과 관련해서는 아직도 문화적인 편견이 더 강하게 작용하는 모양이다.

약물 치료까지 필요하지는 않지만 스트레스가 상당한 경우는 상담이 효과적으로 도움을 줄 수 있다. 혹자는 친구와의 술자리에서나 점을 봐주는 카페에서 하소연을 늘어놓고 얻을 수 있는 조언과 정신과적 상담이 어떻게 다른지 의심하기도 한다. 말한들 아무 소용이 없고 스트레스가 사라지는 것도 아니니까 시간 낭비라는 생각을 하기도 한다. 하지만 경험이 풍부한 전문가에게 받는 상담은 아는 사람과 나누는 대화와 질적으로 다르다.

대화를 할 때는 대개 자기 입장에서 옳다고 생각하는 것을 이야기하고 듣는 사람은 자신이 이미 알고 있는 것을 확인하려는 식으로 진행된다. 이와 비교해서 전문 상담은 치료자가 자신의 상식과 가치관을 주장하는 시간이 아니다. 환자의 감정과 생각을 충분히 듣고 환자가 미처 해보지 못했던 질문을 던져서 생각해볼 시간을 주고 상황을 객관적으로 거리를 두고 보는 연습을 도와준다. 이미 해왔던 것은 왜 그렇게 했는지 생각해보고 다른 대처방법은 없는지 스스로 탐색해보는 시간을 적극적으로 가지도록 해준다. 사실 백문이 불여일견이다. 필요할 때 경험해보면 알게 될 것이다.

둘째, 정신건강의학과 약을 먹으면 중독이 되고 바보가 된다?

정신건강의학과 약 중에는 전문의의 지시 없이 오용하고 남용하는 경우 중독의 위험이 있는 약물들도 일부 있지만 모든 치료에 그런 약물을 사용하는 것은 아니다. 만약 필요에 의해 쓰게 되더라도 전문의 처방과 관리하에 복용하는 경우 그런 위험은 거의 없다. 치료 약물에 의한 중독은 대부분 전에 먹어서 효과가 있었던 약이라며 약국이나 다른 의원에서 손쉽게 얻어 제멋대로 먹는 경우에 나타난다.

또 약물 복용으로 바보가 되는 것이 아니라, 오히려 약을 복용함으로써 우울이나 불안으로 인해 떨어진 주관적인 집중력과 기억력이 회복될 수 있다. 우울증에 걸린 경우 치매의 위험이 높아진다는 것은 동물 실험과 임상 연구를 통해 이미 확인되었다. 우울증 약물 치료는 파괴된 뇌세포를 재생시키고 뇌세포 사이의 신경망 연결을 촘촘히 만들어 인지기능을 회복시킨다.

셋째, 정신건강의학과 치료를 받으면 보험 가입이 잘 안 되고 필요한 때 보험금을 받을 수 없다?

치매가 심하거나 조현병, 조울증 등으로 영구적인 기능 손실이 있어서 정신장애인으로 등록을 한 경우는 보험 가입 요건에 해당되지 않아서 거부당할 수도 있다. 하지만 정신건강의학과 진료를 받는 경우의 절대 다수는 이에 해당하지 않고 경증이나 치료가 종결된 환자의 경우는 전문의의 소견서를 첨부해 가입이 가능하다.

보험 가입 후에 정신건강의학과 진료를 받는다고 해서 보험을 유지하거나 보험금을 지급받는 데 차별이 있다면 이것은 평등권을 침해하는 행위로 금지된다. 혹시라도 불이익을 받는 경우가 있다면 국가인권위원회, 금융민원센터, 보험소비자연맹에 민원을 제기하거나 소비자 상담을 받아볼 것을 권유한다. 대한신경정신과 의사회의 민간보험 차별대책팀에서도 사례를 모아 법률적인 검토와 대응 등에 도움을 주고 있다.

넷째, 정신건강의학과 진료기록이 남으면 평생 따라다니고 취업에 불리하다?

정신건강의학과 진료기록이 병원의 의무 기록과 보험공단에 남을 수는 있지만 이것은 개인 정보이기 때문에 본인이 아닌 사람이 함부로 열람할 수 없으며 이를 어길 경우 의사가 처벌을 받는다. 보험공단의 정보를 대기업이나 국가기관에서 마음대로 볼 수 있어 취업에 불이익을 받는다는 오해도 있는데 이것은 사실이 아니며, 사기업은 물론 공무원 임용고시에서도 이런 기록은 본인 이외의 사람이 함부로 알 수 없다. 오직 법 조항에 의거해 범죄 수사와 소송 제기 및 유지가 필요한 경우에만 검찰청, 경찰청, 법원에 한해 공문으로 요청이 있을 때 제공하고 있다. 성인의 경우 진료받은 사실에 대해 스스로 밝히지 않는다면 부모나 형제, 배우자도 정신건강의학과 진료기록을 알 수 없는 것이다.

몇 년 전 모 대학신문에서 취재를 위해 와서 같은 질문을 했을 때 나는 정신건강의학과 치료를 적극적으로 받는 것이 오히려 취업에 도움이 된다고 권유해주었다. 불안, 우울 등 정서적 스트레스가 심하면 취업 정보를 모으는 활동에서부터 실제 면접과 시험 등 취업의 모든 과정에서 정서적인 위축으로 제실력을 발휘하지 못하는 경우가 많기 때문이다.

❧ 현명한 선택

앞서 이야기한 여러 가지 오해에 대한 설명과 설득을 통해 그 환자는 치료를 시작하기로 했다. 이렇게 치료를 시작하게 되면 다행이지만 어떤 때는 설명을 해도 여전히 의심을 떨치지 못한 채 환자가 그냥 돌아가는 경우가 생긴다. 내가 근무하는 클리닉의 특성상 건강검진에서 이상 소견이 발견되어 예상치 못하게 갑자기 상담을 하게 되면서 생기는 현상 같다. 아마도 이런 모습이 정신건강의학과 진료에 대한 보통 사람들의 솔직한 태도일 것이다. 증상이 매우 심해서 당장 치료가 필요한 상황인데도 혼자 이겨보겠다고 그냥 집으로 돌아가는 환자를 볼 때면 정말 안타깝고 마음이 무거워진다.

그럴 때면 떠오르는 한 환자가 있다. 직장에서 실시하는 건강검진에서 선택사항으로 스트레스 검진을 받은 분인데 일차 선별검사에서 우울증이 의심되었다. 상담을 하면서 좀더 심층 심리검사를 해보자는 권유에 환자는 최근 부서를 옮긴 후 몇 개월간 업무 스트레스가 늘면서 전에 없이 의욕이 떨어지고 걱정이 많아져서 집중이 잘 안 되길래 혹시 우울증이 아닌가 스스로 생각했었다고 했다. 이 환자는 치료에 대해 비교적 합리적이고 긍정적인 생각을 가지고 있어서 다른 환자들과는 달리 교육하고 설득할 필요가 별로 없었다. 오히려 재충전의 기회로 삼겠다고 적극적이었다.

6개월 정도 지나고 많이 좋아져서 "다 선생님 덕분"이라는 인사를 들었을 때 나는 정말 칭찬을 받아야 하는 것은 현명한 선택을 한 환자 자신이라고 이야기했다. 적극적으로 치료받을 것을 선택하고 진료에 잘 따라와준 덕에 좋아진 것이지 의사가 마술을 부린 게 아니기 때문이다. 이분은 매년 건강검진 때면 스트레스 검사를 해서 정기적인 추적검사를 하고 있다. 정말 100점짜리 환자다. 이런 현명한 선택을 하는 사람들이 많이 늘었으면 하는 바람이다.

나 자신도 역시 체면 문화에서 완전히 자유롭지 못하지만, 가족 이야기를 곁들여 책을 쓴 것은 현명한 선택에 도움이 되었으면 하는 작은 바람에서였다. 내 어머니는 사랑과 관심으로 지켜보고 대화하던 아버지 덕분에 정신건강의학과 치료를 받으셨고 그래서 아버지께 늘 고마워하셨다. 이혼하자는 말에 아버지는 '당신 소원을 다 들어줄 테니 우선 치료해서 낫고 보자.'라며 달랬다며 나중에 웃으며 회상하셨다.

우울, 불안, 스트레스가 심할수록 우유부단해지고 문제해결 능력이 떨어지기 때문에 적극적 치료라는 현명한 선택을 쉽게 내리지 못하는 경우가 더욱 생긴다. 이럴 때 도움을 줄 수 있는 게 가까운 가족과 친구들이다. 주변에서 쉽게 도움을 얻으려면 정신건강의학과 치료와 뇌 과학과 관련된 지식들이 더 많이 상식이 되고 근거 없는 오해들이 풀려야 할 것 같다.

2018년부터 정신건강의학과 진료비 수가 체계가 개선되어서 전보다 적은 경제적 부담으로 양질의 상담을 받을 수 있게 되었다. 일부 지방자치 단체는 정신건강의학과 초기 진료비를 지원해주는 등 정신건강의학과의 접근성을 높이려는 사회적 공감대가 형성되었다. 다만 2017년 개정된 새로운 정신보건법에서 입원절차상 환자의 인권을 보호하는 조치가 엄격하게 강화되면서 치료를 제때에 받지 못한 위중한 정신질환 환자들이 방치되는 상황이 결국 진료실에서 정신건강의학과 전문의가 살해되는 최악의 현실로 드러나게 된 것이 안타깝다.

고(故) 임세원 교수님의 희생이 헛되지 않으려면 정신건강의학과가 누구나 쉽게 찾아갈 수 있는 분위기가 되도록 선입견과 편견을 줄이는 사회적인 운동이 필요하다. 또한 위중한 정신질환 환자들을 위해 사법 입원이라는 절차를 통해 치료의 사각지대를 줄이고 단순 수용 형태의 입원만이 아닌 사회 공동체에 이들이 함께할 수 있는 시스템을 마련하는 시도도 요구된다. 현명한 선택들이 늘어나서 충동적인 퇴사, 이혼, 자살 등으로 인한 개인적, 국가적인 손실이 줄어들기를 기대해본다. 그래서 그 〈뉴욕 타임즈〉 기사를 웃으며 얘기하게 될 미래를 말이다.

감정과 관련한 문제를
치유하기 위한 여러 접근법

▶ 정신치료 Psychotherarpy

프로이트가 처음 시작한 정신분석은 환자가 카우치에 누워 자유롭게 연상을 하면서 마음에 떠오르는 생각과 감정을 가감 없이 이야기함으로써 무의식에 숨어 있는 갈등이 드러나게 하고 치료자는 그것을 해석해 환자가 깨닫도록 하는 방법이다. 정통 정신분석은 지금도 1주일에 4회 이상, 1회당 45~50분간 진행하고 종결까지 적어도 3~4년이 걸린다. 정신분석을 받는 데 소요되는 시간과 비용이 상당하기 때문에 요즘은 정신분석처럼 깊이 있게 무의식을 들여다볼 수 없지만, 주 1~2회씩 대면 상담으로 심리적 갈등을 다루는 정신분석적 정신치료를 주로 시행한다. 정신분석적 정신치료에서도 정신분석과 마찬가지로 환자의 방어기제(무의식적 갈등, 소망, 충동 등을 처리하는 심리기제), 저항(정신치료 중에 치료 목표에 향해 가는 치료과정을 저해하는 환자의 무의식적 행동), 전이(환자가 과거에 중요한 인물과 맺었던 감정, 관계 등을 현재의 다른 인물에게서도 비슷하게 경험하는 것)에 대해 탐색하고 직면시키고 해석하면서 진행된다.

정신건강의학과 전문의들은 전공의 수련과정에서 지도감독을 받으며 정신분석적 정신치료로 환자를 치료하는 경험을 하고 전문의 시험에 정신치료 사례를 제출해야 하고 구술 시험을 보는 등 전문적인 경험을 쌓기 때문에 기본적으로 정신분석적 정신치료를 할 수 있는 소양을 갖추고 있다. 하지만 진료 여건상 정신치료를 주로 할 수 없는 정신건강의학과도 있으므로 정신분석학회에서 활동하는 정신건강의학과 전문의를 찾아가면 도움을 받을 수 있을 것이다. 대한신경정신의학회 소속 정신분석학회를 소개한다.

- 한국정신분석학회 홈페이지: www.freud.or.kr
- 한국분석심리학회 홈페이지: www.carljung.or.kr

▶ **약물 치료**Pharmacotherapy

정신건강의학과에서 사용하는 약물들은 뇌에 작용해 생각, 감정, 행동, 집중력, 기억력, 판단 등 정신 기능에 영향을 미치는 약물들이다. 전문의의 상담과 심층심리검사 등을 통해 정신건강의학과적 진단을 내리고 필요한 경우 약물을 이용해 치료한다. 현재까지 개발된 약물들은 항우울제, 항불안제, 항정신병약물, 기분조절제,

수면진정제, 정신자극제, 치매치료제 등으로 구분되며 환자가 보이는 병적 증상의 유무와 심도에 따라 다양한 조합으로 치료한다. 이런 약물들의 작용기전에 대한 연구를 통해 정신질환의 신경생물학적 원인이 밝혀지고 뇌 기능에 대한 이해가 깊어지게 되었다.

▶ 인지행동치료 CBT; Cognitive Behavior Therapy

1960년대 미국의 정신과 의사 아론 벡에 의해 시작된 인지치료가 행동치료와 결합되어 발전된 치료법이다. 이 치료는 생각이 감정과 행동에 영향을 미치고 또 반대로 행동양식은 생각과 감정에 영향을 미친다는 것을 전제로 한다. 벡은 우울증상이 자기, 세상, 미래에 대한 부정적이고 왜곡된 인지를 바탕으로 한다고 보고 이를 교정해 상황을 좀더 객관적으로 볼 수 있게 하고 부정적인 감정과 거리를 두는 방법을 통해 우울증을 효과적으로 치료했다. 현재는 우울증뿐만 아니라 공황장애, 사회공포증(대인공포, 무대공포), 강박장애, 식이장애, 여러 가지 공포증 등 다양한 질환에 인지행동치료가 이용되고 있다. 보통 집단치료의 형태로 많이 하고 2~3개월(주 1회, 10~12회기)의 집중적인 치료로 증상 호전 이후에 6개월에서 1년의 유지치료를 하게 된다. 약물 치료와 인지행동치료를 함께 받는 경우 재발 방지에 효과적이다.

▶ **사회기술훈련**(자기주장 훈련 포함)

행동치료의 일종으로 "모든 인간의 행동 및 생리적이고 주관적인 감정도 학습되어지는 것이다."라는 행동주의 학파의 사회학습 이론을 바탕으로 한 치료법이다. 자신이나 타인의 감정을 알아차리고 표현하기, 자기 주장하기, 부정적인 감정 다루기, 갈등 해결하기, 다른 사람과의 차이를 알고 수용하기 등의 주제로 이루어지며 보통 집단 치료의 형식으로 10∼12회기 시행한다. 최근에는 가상현실을 이용해 사회기술훈련을 하기도 한다.

▶ **비폭력대화**NVC; Nonviolent Communication

미국의 심리학자 마셜 로젠버그에 의해 개발된 중재와 대화 기술훈련 프로그램이다. 1984년 비폭력대화센터CNVC; The Center for NVC가 설립되었고 현재 미국 뉴멕시코주에 본부를 둔 국제적인 조직으로 발전해 세계 각국에 지역 조직을 갖추고 있다. 개인과 집단의 갈등을 평화롭게 중재하고 관계를 개선하는 법을 가르친다. 비폭력대화에서는 어떤 상황에서 판단이나 평가를 내리지 않고 정확하게 관찰하고 이때 느끼는 느낌을 알아차리고 자신의 필요와 욕구에 기초해 상대에게 요청하고 부탁하는 등 4가지 요소를 솔직하게 표현할 수 있도록 하고 또 상대의 감정에 공감하도록 훈련한다. 한국비폭력대화센터 홈페이지에 가면 교육기관과 강의 일정, 지역 소모임 일정 등을 확인할 수 있다.

- 한국비폭력대화센터 홈페이지: www.krnvc.org

▶ 마음챙김 명상에 기반한 스트레스 감소 훈련MBSR;
Mindfulness Based Stress Reduction

1979년 메사추세츠 의과대학에서 만성 통증, 만성 질병이 있는 환자들의 스트레스 감소를 목적으로 존 카밧진 박사가 만든 것으로 동양의 마음챙김 명상과 서양의 의학이 결합한 의료 명상 교육 프로그램이다. 마음챙김 명상을 할 때는 기본적으로 판단을 하지 말고 초심과 인내심, 믿음을 가지고 수용하고 지나치게 애쓰지 않으며 내려놓으려는 태도를 가지는 것이 필요하다. 이것을 바탕으로 복식호흡, 의식과 감각을 현재에 집중하는 방법을 배우고 정좌 명상, 보디 스캔, 요가 명상, 보행 명상, 일상생활 속에서의 명상 등의 순서로 8주 동안 스트레스 감소 훈련이 진행된다. 많은 임상 현장에서 그 효과를 입증받았고 연구가 축적되면서 불안, 우울, 공황장애, 수면장애, 섭식장애, 중독 등 정신건강의학과적 질환뿐 아니라 만성 통증, 유방암, 심혈관계 질환 등 다양한 신체적 증상과 질환의 완화, 치료에도 효과가 있다고 보고되고 있다. 현재 마음챙김 명상은 인지치료와 결합해 마음챙김 명상에 기반한 인지치료MBCT; Mindfulness Based Cognitive Therapy가 개발되었고 수용전념치료

에도 응용되었으며 현재 약물치료를 보완하는 치료로 정신건강의
학과에서 활용되고 있다.

▶ **안구운동 민감소실 및 재처리 요법**EMDR; Eye Movement
Desensitization and Reprocessing

미국의 심리학자 프랜신 샤피로Francine Shapiro 박사에 의해 개발
된 치료법으로 연속적으로 빠른 안구운동이 부정적인 기억과 감정
을 감소시키는 데 도움이 된다는 관찰에 기초한다. 안구운동과 함
께 외상적 기억에 대한 회상을 언어화해 떠오르는 이미지나 감정,
생각을 이야기하고 이것이 최소화될 때까지 반복한다. 외상후스트
레스 증후군의 치료에 가장 효과적이라는 것이 입증되었고 후속
연구들에 의해 외상후스트레스 증후군 이외에 불안, 공포, 우울, 불
면증 등에도 효과가 있는 것으로 알려지고 있다.

▶ **경두개 자기자극치료**TMS; Transcranial Magnetic Stimulation

감정을 조절하는 중추인 뇌세포의 전기화학적인 활성에 영향을
주어서 불안, 우울 등을 치료하는 방법이다. 머리 가까이에 전도자
기코일로 자기장을 발생시켜 뇌의 전전두엽 부위 신경세포를 활성
화시킨다. 총 10~15회, 회당 30분씩 치료를 하며 우울증 치료에
서 효과가 확인되었다. 최근에는 각종 불안장애, 운동장애, 수면장

애 등으로 치료 범위가 확대되고 있다. 부작용으로 약물치료가 어렵거나 약물 복용이 어려운 환자에게 단독 치료로 쓰일 수 있으며 약물치료와 병행할 때 그 효과가 더 크고 약물 부작용에 추가적 영향은 없다.

▶ **바이오피드백**Biofeedback

1960년대 미국의 심리학자 닐 밀러Neal Miller박사에 의해 개발된 것으로 심장박동 수, 호흡, 혈압, 피부표면온도, 근육수축 등 스트레스를 받을 때 변화하는 생리적인 현상이 정상적인 상태로 회복되지 못하고 지나치게 높게 유지되거나 잘못 반응하는 경우 이를 스스로 조절해 심신을 안정시키는 치료법이다. 자율신경계 중 교감신경계의 과활성으로 인한 신체적 스트레스 반응을 줄이고 부교감신경을 활성화시켜 우리 몸의 적절한 균형 상태를 유지하는 원리다. 시각적·청각적 보상 반응을 주어 자신의 신체적 스트레스 반응과 긴장도를 스스로 인지하고 이를 완화시키는 이완훈련을 실시한다. 보통 회당 20~30분, 총 10~15회 실시하고 공황장애, 두통, 과민성 대장증상, 고혈압 등의 증상 완화에 효과적이어서 약을 끊거나 줄이는 데 도움을 준다.

▶ **뉴로피드백**Neurofeedback

바이오피드백의 일종으로 의식과 감정 상태에 따라서 뇌의 전기적인 활성도(뇌파)가 변화하는 것을 시각화해 확인하고, 이를 조절하는 훈련을 통해 주의집중력을 높이거나 불안이나 우울 등 부정적인 감정을 감소시키는 치료법이다. 주의집중 과잉행동장애 ADHD 아동에게 약물치료의 보조요법으로 쓰이거나 임신시기 약물을 쓸 수 없는 환자의 불안, 우울, 불면증, 강박증, 두통 등에 활용할 수 있다.